Getränke

naturrein & hausgemacht

Getränke

naturrein & hausgemacht

Emma Christensen

FOTOS VON PAIGE GREEN

DK

London, New York, Melbourne, München und Delhi

Text © 2013 Emma Christensen
Fotos © 2013 Paige Green
Gestaltung Katy Brown
Foodstyling Karen Shinto
Requisite Esther Feinman

Für die deutsche Ausgabe:
Programmleitung Monika Schlitzer
Projektbetreuung Florian Bucher
Herstellungsleitung Dorothee Whittaker
Herstellungskoordination Claudia Rode
Herstellung Inga Reinke

Bibliografische Information der Deutschen Bibliothek
Die Deutsche Bibliothek verzeichnet diese Publikation in der Deutschen Nationalbibliografie; detaillierte bibliografische Daten sind im Internet über http://dnb.ddb.de abrufbar.

Titel der englischen Originalausgabe:
True Brews

This translation published by arrangement with Ten Speed Press, an imprint of the Crown Publishing Group, a division of Random House LLC

Übersetzung Barbara Knesl
Produktion Print Company Verlagsges.m.b.H

ISBN 978-3-8310-2584-8

Druck und Bindung Firmengruppe APPL, aprinta druck, Wemding

Besuchen Sie uns im Internet
www.dorlingkindersley.de

Für Oma Dola

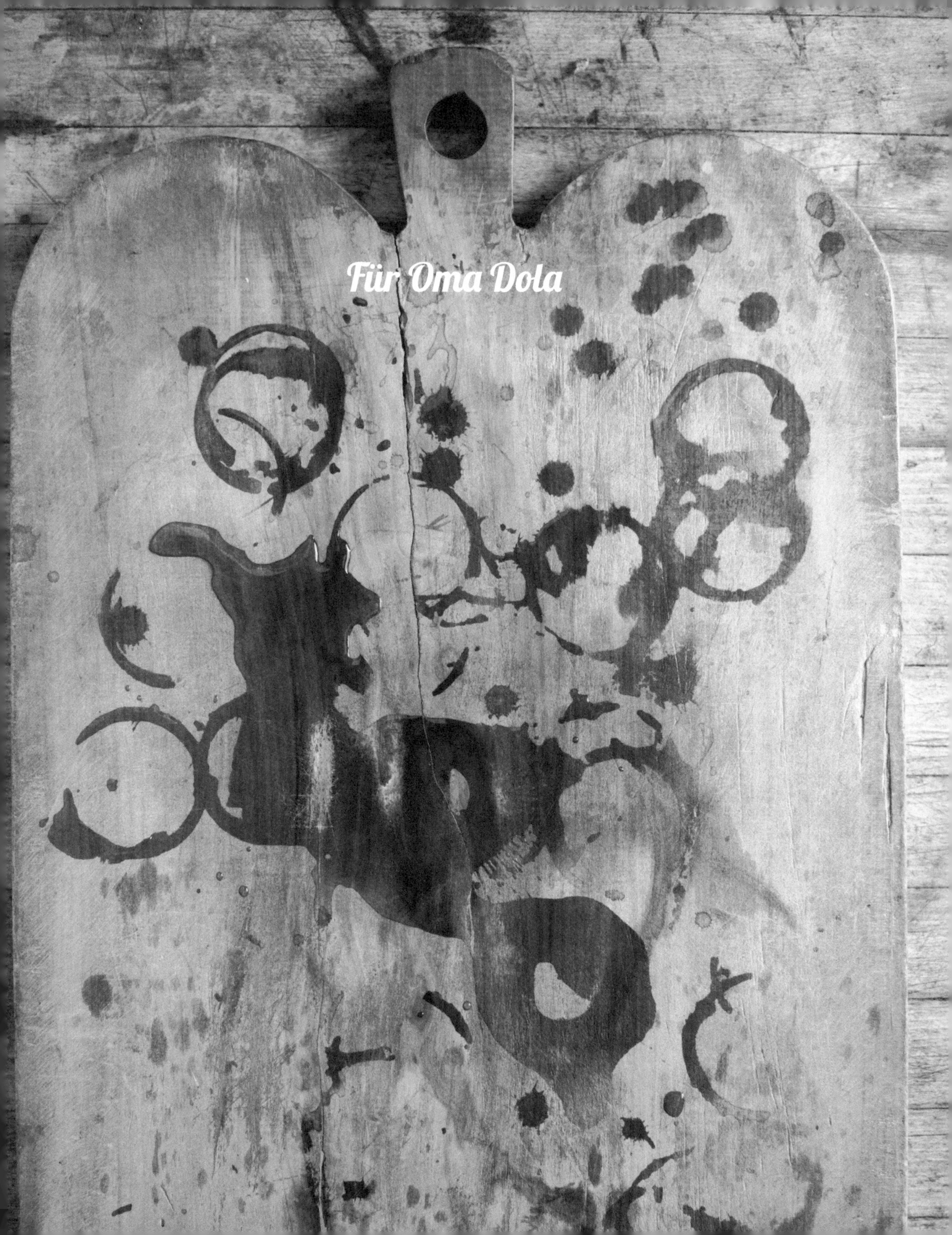

Inhalt

EXPERTEN IM GESPRÄCH

In dieser Rubrik kommen erfahrene Braumeister zu Wort.

Einleitung

Um eines gleich einmal vorwegzunehmen: Mit ein paar Utensilien und etwas Platz zu Hause kann jeder von uns Getränke selbst brauen. Keine Angst: Sie werden Ihr Heim weder mit üblen Gerüchen verpesten noch ihre Badewanne umfunktionieren müssen. Und solange Sie Ihren gesunden Menschenverstand gebrauchen, müssen Sie nicht über explodierende Flaschen auch keine Sorgen machen. Sie würden gern Getränke selbst brauen? Dann legen Sie los.

Limonaden in allen erdenklichen Geschmacksrichtungen, Kombuchapilze und Kefirkörner, die über Generationen hinweg um den Weltball gereist sind, und Hobbybrauer und Weinbauern, die stundenlang über ihr Metier fachsimpeln können. Von der einfachen Limo bis zum feinsten Pinot Noir – jedem dieser Getränke liegt derselbe Prozess zugrunde: Man nehme etwas Zuckerlösung, füge etwas Hefe oder »freundliche« Bakterien hinzu und lasse sie eine Weile stehen: Und schon entsteht ein spritziges, köstliches und meist alkoholisches Getränk. Dieses Verfahren, liebe Leser, nennt sich Gärung.

Zuckerlösung + Hefe (und gegebenenfalls »freundliche« Bakterien) + Zeit = leckeres Gärgetränk

Es ist wirklich so einfach. Sie könnten gleich zum Supermarkt losstarten, 4 Liter Traubensaft kaufen, einen Teelöffel Hefe hinzugeben und in ein paar Wochen Ihren eigenen Wein verkosten. Zugegeben, wohl kein besonders guter Wein, aber immerhin. Für einen besseren Wein gilt es, einige Details zu beachten. Zum Glück finden Sie genau diese Details in diesem Buch.

Im Jahr 2009 braute ich mit meinem Ehemann zum ersten Mal Bier. Wir waren frisch verheiratet und in eine neue Stadt fern von unseren Freunden und Familien gezogen. Wir dachten, dass das Brauen ein nettes Projekt für unseren neuen Lebensabschnitt sei.

Unser erstes Braugetränk schmeckte so scheußlich, dass es ohne Umschweife im Ausguss landete. Der zweite Versuch war schon etwas besser. Das dritte Braugetränk war durchaus trinkbar, und beim vierten hatten wir unser Zubehör aufgestockt, uns eine kleine Sammlung an einschlägiger Literatur zugelegt und uns einen Domainnamen für unsere imaginäre zukünftige Braustube gesichert.

Schon bald überlegte ich, welche anderen Getränke sich selbst brauen ließen. Ich machte mich bei einem Freund schlau, wie man Met herstellt, und setzte mir in den Kopf, Sake zu brauen. Inzwischen türmten sich die Flaschen mit selbstgemachter Limonade in unserem Kühlschrank. Nach einem zweiten Umzug, der uns nach Kalifornien führte, machte ich eine neue Entdeckung für mich: Kombucha und Kefir. Ich war auf Anhieb von ihrem erfrischenden Geschmack und ihrer jahrhundertealten Tradition fasziniert – ganz abgesehen von der Tatsache, dass sie jede Menge gesunder Probiotika und Antioxidantien enthalten.

Irgendwann wurde es dann offensichtlich: Das Brau-Fieber hatte mich gepackt. Ein Zustand, der sich bei näherer Betrachtung aber als alles andere als besorgniserregend herausstellte.

Alle Rezepte in diesem Buch sind auf eine Menge von 4 Litern oder weniger ausgerichtet. Das gilt für das Zubehör ebenso wie für die Zutaten. Ich habe stets in kleinen Wohnungen gelebt und kenne mich daher bestens mit Platzmangel in Küche und Vorratskammer aus.

Kleine Mengen eignen sich auch besser für erste Brauversuche. Man kann die Temperaturen besser kontrollieren, Gefäße leichter hochheben und Fehler leichter ausmerzen. Und falls doch irgendetwas schief gehen sollte, trennt man sich leichter von 4 Litern seltsamen Gebräus als von 20 l oder mehr. In den Kapiteln »Brauereibedarf«, »Grundausstattung« und »Brau-Einmaleins« erfahren Sie alles über die Grundzutaten, Utensilien und Verfahren, die Ihnen in den folgenden Rezepten begegnen werden. Werfen Sie einen Blick darauf, bevor Sie loslegen, damit Sie entsprechende Einkäufe tätigen können. Später

helfen Ihnen diese Kapitel dabei, ihre Fertigkeiten zu verfeinern und den Prozess zu optimieren.

Die darauffolgenden Kapitel beginnen mit den einfachsten und schnellsten Rezepten und gehen dann langsam zu aufwendigeren Getränken über, also: Limonade, Kombucha, Kefir, Cider, Bier, Met, Sake und Fruchtwein. Den Auftakt zu jedem Kapitel bilden Interviews mit Experten, die mit jeder Menge Tipps und Tricks aufwarten.

In den Grundrezepten erfahren Sie alles Wissenswerte über die einzelnen Getränke und worauf Sie besonders achten müssen. Lassen Sie sich von ihnen einfach zu eigenen Rezepten inspirieren.

Zu guter Letzt folgen dann natürlich die Rezepte selbst. Wenn ich ein paar Empfehlungen machen dürfte: Lassen Sie sich im Sommer auf keinen Fall die Melonen-Minze-Limonade (Seite 37) und das Aprikosen-Weizenbier (Seite 108) entgehen. Der Erdbeerwein (Seite 164) und der Sommerliche Melonenwein (Seite 173) sind ideal, um etwas Sommer-Feeling an kalten Wintertagen herbeizuzaubern. Auch den Gewürz-Cider (Seite 81) sollten Sie unbedingt probieren. Sie werden es nicht bereuen.

Ich hoffe, dieses Buch und die Rezepte dienen Ihnen als Inspirationsquelle für Ihre eigenen Kreationen. Kann sein, dass wir nicht immer denselben Geschmack haben und dass Sie auf das eine oder andere Problem stoßen, das ich bei der Erstellung dieser Rezepte in meiner Küche nicht vorhersehen konnte. Aber lassen Sie sich nicht entmutigen. Teilen Sie Ihre Erfahrungen mit Gleichgesinnten. Experimentieren Sie herum. Und vor allem – genießen Sie. Es gibt nichts Schöneres, als sich ein Gläschen Selbstgebrautes einzuschenken und jeden einzelnen Tropfen zu genießen.

BRAUEREIBEDARF

Es erstaunt mich immer wieder, wie sich aus ein paar simplen Zutaten so komplexe und geschmacksintensive Getränke zaubern lassen: ein paar Früchte oder etwas Malz für Bier, Zucker, Wasser und Hefe plus ein paar andere Zutaten, um das Ganze abzurunden.

Grundzutaten

Hier folgen jene Zutaten, die zum Brauen unverzichtbar sind. Wenn Sie diese auf Vorrat haben, steht einer spontanen Brau-Session nichts im Wege.

FRÜCHTE

Früchte bilden die Grundlage der meisten Rezepte in diesem Buch und der meisten vergorenen Getränke im Allgemeinen. Es lohnt sich, in besonders gute Qualität zu investieren.

FRÜCHTE AUS DER DOSE. Dosenfrüchte sollten nur eine Notlösung sein. Die Früchte enthalten meist jede Menge Zucker und Konservierungsstoffe und haben ihre besten Tage zweifelsohne schon überschritten. Natürlich vergären auch sie, aber ob sie gut schmecken, sei dahingestellt.

TROCKENFRÜCHTE. Trockenfrüchte eignen sich am besten für »kleinere« Aufgaben wie das Aromatisieren von Kefir oder Bier.

FRISCHE FRÜCHTE. Verwenden Sie nach Möglichkeit frisches Obst der Saison. Es schneidet in puncto Geschmack und Qualität sicher am besten ab. Verkosten Sie es vor dem Kauf und wählen Sie nur Früchte aus, die Sie auch so essen würden. Aus mittelmäßigen Erdbeeren lässt sich nun einmal nur mittelmäßiger Erdbeerwein erzeugen.

TIEFGEFRORENE FRÜCHTE. Tiefkühlobst vom Supermarkt ist fast so gut wie frisches Obst und seelbst eingefrorenes Obst steht frischem in Nichts nach. Natürlich können Sie Tiefkühlobst vorher nicht probieren, aber kaufen Sie bewusst ein. Meiner Erfahrung nach ist tiefgefrorenes Bio-Obst generell von höherer Qualität.

FRUCHTSAFT. Guter Fruchtsaft ist bei Cider oder Wein schon die halbe Miete! Kaufen Sie nur 100-prozentigen Saft ohne Zuckerzusatz und vorzugsweise ohne Konservierungsstoffe. Pasteurisierte Säfte sind gut, verleihen dem fertigen Getränk jedoch ein trübes Aussehen.

MALZ

Gemälzte Getreide werden fast ausschließlich zum Bierbrauen verwendet. Die kleinen Körner enthalten Zucker, von dem sich die Hefe ernährt. Beim Vorgang des Mälzens werden die Körner zum Keimen gebracht und dann getrocknet. Das Malz wird für gewöhnlich aus Gerste hergestellt, es gibt aber auch Weizen-, Reis-, Hafer-, Mais- oder auch Roggenmalz. Das Malz kann auch leicht oder stark geröstet sein. Die Kombination verschiedener Malzsorten verändert das Geschmacksprofil des Bieres. Vergessen Sie nicht, die Körner beim Einkauf im Brauereifachgeschäft schroten zu lassen. Dabei werden die Körner gespalten, damit der zum Brauen nötige Zucker hervortritt.

MILCH

Kefirkulturen lieben den Fettgehalt von Vollmilch, begnügen sich aber auch mit Halbfett- oder sogar fettfreier Milch. Pasteurisierte Milch ist okay, aber vermeiden Sie H-Milch, da sie nicht genug Nährstoffe besitzt, von denen die Kefirkörner leben können. Kuh-, Ziegen- oder Schafmilch sind gleichermaßen gut für die Herstellung von Kefir geeignet. (Wählen Sie bei Rohmilch nur Milch von höchster Qualität von einem Erzeuger Ihres Vertrauens.) Mandel-, Soja-, und andere nichttierische Milchsorten erfüllen ebenso ihren Zweck, wenngleich in diesem Fall die Kefirkörner mit der Zeit an Wirkung verlieren. Sie können entweder durch neue Körner ersetzt oder zur Revitalisierung in tierische Milch eingelegt werden (Kapitel 3 bietet nähere Details zur Herstellung und Verwendung von Kefir).

REIS

Der Reis, der für die kommerzielle Sake-Produktion verwendet wird, ist viel stärker poliert als handelsüblicher Reis. Sie können speziell geschliffenen Sake-Reis online (siehe Bezugsquellen, Seite 178) kaufen. Rundkornreis oder Mittelkornreis für Sushi sind ein guter Ersatz und zudem leichter erhältlich. Hände weg von Langkornreis, da seine Stärke nicht so einfach zu Sake vergoren werden kann.

ZUCKER

Zucker ist Nahrung für die Hefe. Die Hefe benötigt ihn, um die Getränke zu vergären, um sie mit Kohlensäure anzureichern und um den Alkohol zu produzieren, der vielen Braugetränken das gewisse Etwas verleiht. Einige Getränke wie Cider enthalten von Natur aus genügend Zucker, während die meisten anderen etwas Starthilfe brauchen.

Malz

BRAUNER ZUCKER, ROHROHRZUCKER UND VOLLROHRZUCKER. Diese Zuckersorten verleihen den Getränken nach der Gärung eine karamellartige Süße.

TRAUBENZUCKER. Wenngleich ich zum Brauen selbst zwar kaum Traubenzucker verwende, so schätze ich ihn sehr für die Herstellung kohlensäurehaltiger Getränke. Er löst sich leicht auf und ist geschmacksneutral.

HONIG. Honig aus der Region zeichnet sich zweifelsohne durch mehr Charakter und Raffinesse aus als Honig aus Massenproduktion. Honig kann als Ersatz für weißen Kristallzucker dienen, er verleiht den Getränken dann eine milde Honignote. Einigen schmeckt das, anderen nicht so sehr – es bleibt also Ihnen überlassen. Verwenden Sie etwa 50 Prozent mehr Honig als Zucker (200 g Zucker entsprechen 300 g Honig). Beachten Sie auch, dass dem Honig einige der essenziellen Nährstoffe fehlen, die der Hefe beim Wachsen helfen. Beim Brauen mit Honig müssen also Hefenährsalze zugesetzt werden.

Verwenden Sie keinen Honig bei der Herstellung von milchsäuregärenden Getränken wie Kefir und Kombucha. Die antiseptische Wirkung von Honig schwächt die Kulturen mit der Zeit.

WEISSER KRISTALLZUCKER. Für die meisten Rezepte wähle ich diesen Zucker. Er vergärt zur Gänze und sauber, das heißt, die Hefe verwertet den ganzen Zucker (zumindest bis der Alkoholgehalt zu hoch wird) und hinterlässt kaum Restgeschmack. Zum Brauen eignet sich herkömmlicher Hushaltszucker, wobei Bio-Qualität vorzuziehen ist.

WASSER

Das Wasser sollte Ihre geringste Sorge sein. Solange das Leitungswasser bei Ihnen zu Hause gut schmeckt, wird es seinen Zweck erfüllen. Bei Bedarf können Sie das Wasser filtern oder gefiltertes kaufen.

HEFE

Jede Art von Hefe wird ein Getränk zum Gären bringen, es gibt jedoch einige Hefestämme, die speziell für bestimmte Getränke entwickelt wurden. Als Neuling sollten Sie sich an die Angaben im Rezept halten – später können Sie mit anderen Hefen nach Lust und Laune herumexperimentieren. Sie können sogar wilde Hefen verwenden, bedenken Sie aber, dass die Ergebnisse dadurch weniger vorhersehbar und kontrollierbar sind. Ein Röllchen oder Beutel Flüssighefe oder ein Tütchen Trockenhefe reicht für bis zu 20 Liter. Für die in diesem Buch beschriebene Menge von 4 Litern können Sie ein halbes Röllchen oder einen halben Beutel Flüssighefe verwenden und den Rest in einem sterilen verschlossenen Konservenglas im Kühlschrank aufbewahren. Bei Trockenhefe verbrauchen Sie am besten die ganze Tüte.

Weitere Brauzutaten

Diese Hilfsmittel werden ganz speziell fürs Brauen benötigt und sind daher nur im Fachhandel erhältlich. Durchforsten Sie bei Bedarf das Internet (siehe Bezugsquellen, Seite 178).

SÄUREMISCHUNG. Mischung aus 50 % Zitronensäure, 25 % Äpfelsäure und 25 % Weinsäure. Sie verleiht Cider, Met, Sake und Wein Spritzigkeit. Fügen Sie je nach Süße der Früchte mehr oder weniger davon hinzu. Sie können später immer noch mehr dazugeben, wenn der Wein Ihres Erachtens nach flach schmeckt.

KALIUMDISULFIT (»SCHWEFELPULVER«). Es dient zur Sterilisation von Obst und anderen Zutaten, die während des Gärprozesses nicht gekocht werden (besonders bei Met und Wein). 0,45 g reichen für 4 Liter. Da es alle Bakterien und wilden Hefen im Obst abtötet, fügen Sie es 24 Stunden vor Zugabe der Hefe hinzu. Durch eine abermalige Zugabe von Kaliumdisulfit vor der Abfüllung wird der Wein stabilisiert und eine Nachgärung (und ein mögliches Explodieren der Flaschen) nach der Abfüllung verhindert. Bei Getränken, die mit Kohlensäure versetzt werden sollen, auf eine abermalige Zugabe von Kaliumdisulfit verzichten.

TROCKENMALZEXTRAKT. Dabei handelt es sich gewissermaßen um pulverisierte Bierwürze. Er wird für die Herstellung von Hefestartern für Bier verwendet.

HOPFEN. Diese aromatischen Blüten spielen eine wichtige Rolle bei der Bierherstellung, können aber auch zum Aromatisieren von Met, Sake und Wein verwendet werden. Sie sind in Form von Pellets (oder seltener) als Dolden erhältlich und helfen dabei, die Süße des Malzes auszugleichen und das Bier zu konservieren. Hopfen enthält Harze, die über die Bittere des Bieres entscheiden, sowie Öle,

die für den Geschmack und das Aroma sorgen. Hopfen muss über einen längeren Zeitraum hinweg gekocht werden, um die Bitterstoffe zu extrahieren. Dabei werden jedoch die feineren Aromaöle zerstört. Deshalb wird Hopfen für gewöhnlich in drei Phasen hinzugefügt: Zu Beginn des Kochens für die Bittere, etwa in den letzten 20 Minuten für den Geschmack und ganz zum Kochende für das Aroma. In diesen drei Phasen kann derselbe oder ein unterschiedlicher Hopfen verwendet werden, je nachdem, welche Geschmacksrichtungen und Aromen erzielt werden sollen.

IRISCH MOOS. Wenn Sie ein sehr klares Bier herstellen möchten, fügen Sie in den letzten 20 Minuten des Hopfenkochens 1 Prise getrocknetes Irisch Moos hinzu. Diese Alge, die auch unter der Bezeichnung Carragheen oder Carrageen bekannt ist, trägt dazu bei, dass sich die Proteine absetzen, die für die Trübung des Biers verantwortlich sind.

KEFIRKÖRNER. Ähnlich wie der Kombuchapilz enthalten Kefirkörner Bakterien und Hefen, die Kefir vergären. Es gibt zwei verschiedene Arten von Kefirkörnern: Milchkefirkörner, die die Laktose in der Milch vergären und wie winzige Blumenkohlröschen aussehen, und Wasserkefirkörner, die weißen Kristallzucker vergären und gummiartigen Kristallen ähneln. Beide Arten sind glutenfrei und wiederverwendbar. Getrocknete Kefirkörner sind im Online-Handel erhältlich (siehe Bezugsquellen, Seite 178).

KOJI-REIS. Dieser Reis, der für die Herstellung von Sake benötigt wird, wurde mit einem speziellen Schimmelpilz geimpft, der die Reisstärke in Zucker umwandelt. Sie können ihn selbst herstellen (siehe Seite 148) oder fertigen Koji-Reis kaufen (siehe Bezugsquellen, Seite 178).

Diese Seite, von oben nach unten: Hopfen; Kefirkörner; Koji-Reis
Seite gegenüber: Kombuchapilz

PEKTINASE. Einige pektinreiche Obstsorten verursachen eine Trübung im Wein oder Cider. Dieses Pulver sorgt für ein kristallklares Resultat. Da schwer zu sagen ist, wie viel Pektin eine bestimmte Frucht besitzt, fügt man meist, egal um welche Frucht es sich handelt, ½ TL pro 4 Liter Wein zu Beginn der Gärung hinzu.

KOMBUCHAPILZ. Er sieht wie eine dicke, gummiartige, cremefarbene Scheibe aus und beherbergt alle Bakterien und Hefen, die für die Kombuchaherstellung nötig sind. Der Kombuchapilz kann wiederverwendet werden und ist im Online-Handel erhältlich (siehe Bezugsquellen, Seite 178). Sie können ihn aber auch selbst herstellen (siehe »Wie Sie Ihren eigenen Kombuchapilz herstellen«, Seite 48).

TANNIN. Der Gerbstoff Tannin ist für die raue, herbe Note beim Genuss von Wein verantwortlich. So seltsam es auch klingt, ein wenig von diesem Pulver verleiht Cider, Met und Wein eine ausgewogene Qualität. Ohne Tannin wird Ihnen etwas fehlen! Manche Früchte (wie Brombeeren) enthalten von Natur aus Tannin, bei anderen muss man etwas nachhelfen. Beginnen Sie zunächst mit einer kleinen Menge, Sie können später noch immer etwas zufügen, wenn der Wein trockener sein soll.

HEFENÄHRSALZ. Die Hefe braucht zum Überleben einige Nährstoffe, die leider nicht in den Früchten und dem Zucker vorhanden sind, aus denen Cider, Met, Sake und Wein hergestellt werden. Dank der Nährstoffe in Pulverform erhält die Hefe all die zusätzlichen Vitamine und Mineralien, die sie benötigt.

GRUNDAUSSTATTUNG

Ich bin sehr dafür, Küchenutensilien zu verwenden, die man bereits zu Hause hat. Wenn Sie noch den Kochtopf haben, den Ihnen Ihre Mutter bei Ihrem Auszug mitgegeben hat, verwenden Sie ihn. Andererseits lohnt es sich, in fehlende Utensilien zu investieren. Versuchen Sie also erst gar nicht, zum Beispiel ein großes Sieb durch ein Teesieb zu ersetzen – Sie werden damit Ihres Lebens nicht froh.

Spezifischen Brauereibedarf wie Verkorker und Ballons finden Sie im Fachhandel und online. Werfen Sie einen Blick auf die Bezugsquellen am Ende des Buches (Seite 178), wenn Sie etwas nicht auftreiben können.

Brauzubehör

Mit diesem Zubehör steht dem Brauvergnügen praktisch nichts mehr im Wege.

ELEKTRONISCHE WAAGE. Genauigkeit ist bei vielen Rezepten wesentlich, und das Abwiegen ist viel exakter als das Abmessen mit dem Löffel. Kaufen Sie eine Waage, die auch geringe Mengen wie 5 Gramm anzeigen kann.

» VERWENDUNG FÜR: Cider, Bier, Met, Sake, Wein

SAFT- ODER KÄSETUCH. Safttücher sind dicht gewebte Stoffstücke, die sich auswaschen und wiederverwenden lassen. Sie eignen sich zum Dampfgaren von Reis für Sake und zum Abseihen von Früchten und anderem Bodensatz. Sie können auch ein Käsetuch verwenden, falten Sie es mehrmals, damit es feinmaschiger wird.

» VERWENDUNG FÜR: Bier, Met, Sake, Wein

GROSSES FEINMASCHIGES SIEB. Es sollte groß genug für Ihren Kochtopf und Gäreimer sein. Ein Metallsieb mit langem Griff und einem Durchmesser von etwa 25 cm ist ideal.

» VERWENDUNG FÜR: Bier, Met, Sake, Wein

RÜHRLÖFFEL MIT LANGEM GRIFF. Sie werden ihn beim Brauen immer wieder brauchen. Achten Sie darauf, dass er ganz bis zum Topfboden reicht (ohne dass Sie sich dabei die Finger verbrennen). Am besten eignen sich Löffel aus Plastik, Silikon oder Metall, da sie leicht zu reinigen und sterilisieren sind.

» VERWENDUNG FÜR: Limonade, Kombucha, Kefir, Cider, Bier, Met, Sake, Wein

MESSBECHER UND -LÖFFEL. Da Sie große Mengen Wasser abmessen müssen, ist ein Messbecher mit einem Fassungsvermögen von 1 l oder mehr von Vorteil. Esslöffel und Teelöffel werden zum Abmessen von kleinen Mengen an Gewürzen, Zusätzen und anderen Brauzutaten benötigt.

» VERWENDUNG FÜR: Limonade, Kombucha, Kefir, Cider, Bier, Met, Sake, Wein

DESINFEKTIONSREINIGER. Bei der Herstellung von Cider, Bier, Met, Sake und Wein müssen alle Geräte, die zu irgendeinem Zeitpunkt mit dem Braugetränk in Kontakt kommen, keimfrei gemacht werden (bei Bier ist die Desinfektion wichtig, sobald das Hopfenkochen beendet ist). Im Fachhandel gibt es für diese Zwecke spezielle Desinfektionsmittel. Sie können auch eine Lösung aus 1 EL Bleiche und 4 l kaltem Wasser herstellen und das Zubehör 20 Minuten darin einlegen. Spülen Sie die Utensilien vor der Verwendung unbedingt ab. (Siehe »Wie Sie Ihre Utensilien sterilisieren«, Seite 22.)

» VERWENDUNG FÜR: Cider, Bier, Met, Sake, Wein

KLEINES FEINMASCHIGES SIEB. Ein kleines Sieb (Durchmesser 10 cm) eignet sich hervorragend, um Bodensatz von der Limonade herauszufiltern oder Kefirkörner abzuschöpfen. Das Sieb sollte aus Plastik oder rostfreiem Stahl sein, da Aluminium und andere reaktive Metalle den Getränken einen metallischen Geschmack verleihen können und die Gärtätigkeit der Kefir- und Kombuchakulturen mit der Zeit schwächen.

» VERWENDUNG FÜR: Limonade, Kombucha, Kefir, Sake

KOCHTOPF. Ein Topf mit 8 Liter Fassungsvermögen reicht für alle Rezepte, für einige Biere ist ein größerer Topf von Vorteil. Wenn Sie bereits einen solchen Topf besitzen, verwenden Sie ihn. Möchten Sie sich ohnehin einen neuen Topf zulegen, greifen Sie gleich zu einem mit 12 Liter Fassungsvermögen.

» VERWENDUNG FÜR: Kombucha, Cider, Bier, Met, Sake, Wein

THERMOMETER. Einige Getränke müssen auf eine bestimmte Temperatur erhitzt oder abgekühlt werden. Ich benutze am liebsten ein digitales Thermometer, da es schnell und exakt ist. Ein Backofenthermometer ist für das Maischen beim Bierbrauen von Vorteil.

» VERWENDUNG FÜR: Cider, Bier, Met, Sake, Wein

Gärzubehör

Für die eigentliche Gärphase beim Brauen benötigen Sie spezielles Zubehör. So bleiben Ihre Getränke bei der Gärung vor Bakterien, Sauerstoff und Staub geschützt.

GÄRSPUND. Er wird in den Deckel des Gäreimers (und später den Gärballon) gesteckt und verhindert, dass Staub, Bakterien und andere unerwünschte Stoffe mit dem Getränk

Von oben nach unten: Kochtopf, Rührlöffel, Thermometer; großes feinmaschiges Sieb, Plastikeimer mit Deckel (81); Gärspund

in Kontakt kommen. Zugleich sorgt er dafür, dass Kohlendioxid entweichen kann.

» VERWENDUNG FÜR: Cider, Bier, Met, Sake, Wein

EINMACHGLÄSER. Einmachgläser sind preiswert und erlauben zudem eine leichte Reinigung und Sterilisierung. Sie sind in unterschiedlichen Größen erhältlich.

» EINMACHGLÄSER (4 L) EIGNEN SICH FÜR: Kombucha, Sake

» EINMACHGLÄSER (2 L) EIGNEN SICH FÜR: Kombucha, Wasserkefir, Sake

» EINMACHGLÄSER (500 ML) EIGNEN SICH FÜR: Milchkefir, Cider, Bier, Met, Sake, Wein

FEINMASCHIGER BEUTEL (50 CM). Wenn Sie das Obst in einen Beutel aus Nylon oder Musselin geben, lassen sich die Feststoffe nach der Gärung viel leichter abseihen.

» VERWENDUNG FÜR: Cider, Met, Wein

LEBENSMITTELECHTER PLASTIKEIMER MIT DECKEL (8 L). Das ist Ihr »Hauptgärbehälter«. Obwohl wir nur 4 Liter oder weniger brauen, ist ein Fassungsvermögen von 8 Litern unerlässlich, damit die ganze Gärflüssigkeit sowie gegebenenfalls Obst oder andere Zutaten Platz haben. In einem größeren Eimer hat die Gärflüssigkeit in den ersten paar Tagen der Gärung auch mehr Platz zum Blubbern und Schäumen, ohne dass sie Gefahr läuft, überzugehen. Achten Sie darauf, dass der Deckel ein Loch für den Gummistopfen des Gärröhrchens hat. Wenn Ihr Brauereifachgeschäft keinen so großen Eimer führt, können Sie sich einen im Internet oder Baumarkt besorgen (auf Lebensmittelverträglichkeit achten!). Unter Umständen müssen Sie dann selbst ein Loch in den Deckel bohren.

» VERWENDUNG FÜR: Cider, Bier, Met, Sake, Wein

GROSSER TRICHTER. Damit gießen Sie Getränke mit viel Bodensatz in den Nachgärbehälter.

Von oben nach unten: lebensmittelechter Plastikeimer (8 l) mit Deckel, Käsetuch; Weinheber und Gummizapfen für den Weinheber; Glasballon (5 l), Abfüllschlauch und Schlauchklemme

Wenn Sie ihn mit einem Safttuch auslegen, können Sie die Feststoffe abseihen. Ein 20 cm großer Trichter ist ideal.

» VERWENDUNG FÜR: Met, Sake, Wein

GLASBALLON (5 L). Das ist Ihr »Nachgärbehälter«. Nach der Hauptgärung füllen Sie das Braugetränk in diesen kleineren Behälter um, wo es weiter gären kann und so wenig wie möglich mit Sauerstoff in Kontakt kommt.

» VERWENDUNG FÜR: Cider, Bier, Met, Sake, Wein

STOPFEN. Sie brauchen einen Stopfen für den Hals Ihres Glasballons. Achten Sie darauf, dass er in der Mitte ein Loch für den Gärspund hat.

» VERWENDUNG FÜR: Cider, Bier, Met, Sake, Wein

WEINHEBER. Dieses gebogene Rohr aus Plastik oder Glas erinnert ein wenig an einen Spazierstock. Es sollte zwischen 40 und 60 cm lang sein. Damit können Sie Getränke von einem Behälter in den anderen umleiten. Dieser Vorgang wird auch »abziehen« genannt.

» VERWENDUNG FÜR: Cider, Bier, Met, Sake, Wein

GUMMIZAPFEN FÜR DEN WEINHEBER. Diese kleine Kappe passt auf das Ende des Weinhebers und verhindert, dass Bodensatz vom Gäreimer und Gärballon in das Rohr gesaugt wird.

» VERWENDUNG FÜR: Cider, Bier, Met, Sake, Wein

ABFÜLLSCHLAUCH. Der Plastikschlauch wird am Weinheber und später am Abfüllröhrchen befestigt. Er sollte mindestens 1 m lang sein und einen Durchmesser von 1 cm haben. Achten Sie darauf, dass er auf den Gummizapfen des Weinhebers passt.

» VERWENDUNG FÜR: Cider, Bier, Met, Sake, Wein

SCHLAUCHKLEMME. Sie wird über das offene Ende des Abfüllschlauchs geschoben und hilft dabei, die Fließgeschwindigkeit im Schlauch zu kontrollieren.

» VERWENDUNG FÜR: Cider, Bier, Met, Sake, Wein

Abfüllzubehör

Zeit für die Abfüllung! Sie wollten doch nicht wirklich direkt aus dem Gärballon trinken, oder? Nicht nur, dass es ungemein befriedigend ist, ein ganzes Regal mit Selbstgebrautem zu bestücken, die Abfüllung erleichtert auch das Lagern, Servieren und Verschenken Ihrer Köstlichkeiten.

FLASCHEN. Getränke mit Kohlensäure wie Limonade und Bier müssen in Behälter abgefüllt werden, die dem Druck bei der Kohlensäurebildung standhalten. Das können wiederverwendete Limonadeflaschen aus Plastik, Bügelflaschen oder andere Flaschen sein, die sich mit einem Kronkorken verschließen lassen. Länger reifende Braugetränke wie Cider und Bier sollten in dunklen Flaschen gelagert werden, um sie vor Licht zu schützen, das den Geschmack beeinträchtigen kann. Für Wein und andere kohlensäurefreie Getränke bieten sich auch Weinflaschen an.

» VERWENDEN SIE BRAUNE GLASFLASCHEN (330 ML ODER 500 ML) FÜR: Limonade (je nach Rezept), Cider, Bier, Met, Sake, Wein

» VERWENDEN SIE BÜGELFLASCHEN FÜR: Limonade (je nach Rezept), Kombucha, Wasserkefir, Cider, Bier sowie für die kurzfristige Aufbewahrung von Met, Sake, und Wein

» VERWENDEN SIE LIMONADEFLASCHEN AUS PLASTIK FÜR: Limonade, Kombucha, Wasserkefir sowie für die kurzfristige Aufbewahrung von Cider, Bier, Met, Sake, Wein

» VERWENDEN SIE WEINFLASCHEN (750 ML) FÜR: kohlensäurefreien Met, Sake, kohlensäurefreien Wein

KRONKORKEN. Bierflaschen aus Glas lassen sich beliebig oft wiederverwenden, Sie müssen nur jedes Mal neue Kronkorken verwenden.

» VERWENDUNG FÜR: Cider, Bier, Met, Sake, Wein

KRONKORKEN-VERSCHLIESSER UND/ODER WEINVERKORKER. Diese Geräte sind relativ günstig und die Anschaffung wert. Meist verleihen

Brauereifachgeschäfte auch große Weinverkorker, die leichter in der Handhabung sind.

» VERWENDUNG FÜR: Cider, Bier, Met, Sake, Wein

ABFÜLLRÖHRCHEN. Dieses gerade Plastikröhrchen besitzt am unteren Ende ein Ventil, das sich öffnet, sobald es auf den Boden der Flasche gedrückt wird, und sich wieder schließt, sobald es vom Boden weggezogen wird. Es erleichtert das Abfüllen enorm und garantiert, dass nichts verschüttet wird.

» VERWENDUNG FÜR: Cider, Bier, Met, Sake, Wein

WEINKORKEN. Wie bei den Kronkorken müssen auch die Weinkorken immer wieder erneuert werden, die Weinflaschen können Sie hingegen wiederverwenden.

» VERWENDUNG FÜR: kohlensäurefreien Met, Sake, kohlensäurefreien Wein

Nützliche Helfer

Diese Utensilien sind zwar kein Muss, erleichtern Ihnen aber das Brauen.

FLASCHENBÜRSTE. Damit bekommen Sie Gärballon und Flaschen im Nu innen sauber.

DURCHSICHTIGER KUNSTSTOFFBEHÄLTER (8 L) FÜR LEBENSMITTEL. Der Behälter sollte an der Seite Maßangaben haben, sodass Sie ihn als Messbecher verwenden können. So können Sie zum Beispiel die Bierwürze einfach und genau abmessen.

SPINDEL. Mit diesem Gerät können Sie im Handumdrehen den Alkoholgehalt Ihres Getränks bestimmen (siehe Seite 23).

Von oben nach unten: Spindel; Abfüllröhrchen; Kronkorken-Verschließer

BRAU-EINMALEINS

Auch wenn das eine oder andere Detail variiert, funktioniert die Herstellung der meisten Braugetränke nach demselben Prinzip. Alles beginnt mit einer Zuckerlösung und endet mit der Abfüllung in Flaschen. Sauberkeit ist essenziell. Das Abziehen kann so seine Tücken haben. Der Rest liegt im Detail.

Selbstbrauen in 5 Schritten

1 • **ZUBEREITUNG EINER ZUCKERLÖSUNG.** Das kann bedeuten, dass Sie für eine Limonade Fruchtsaft mit Zucker vermischen oder für Met Honig in Wasser auflösen, aber letzten Endes schaffen Sie jedes Mal ein zuckerreiches Milieu, in dem die Hefe leben kann.

2 • **ZUGABE VON HEFE ODER HEFESTARTER ZUR ZUCKERLÖSUNG.** In den ersten paar Stunden produziert die Hefe keinen Alkohol, sondern vermehrt sich bloß. Wer sich noch an den Chemieunterricht erinnert, weiß, dass die Hefe dazu Sauerstoff benötigt. Um Sauerstoff in die Flüssigkeit zu bringen, muss sie umgerührt, geschüttelt, durchmischt oder auf andere Weise in Bewegung gebracht werden.

3 • **UMFÜLLUNG IN DEN HAUPTGÄRBEHÄLTER.** Schnelle Braugetränke wie Limonade, Kefir und Kombucha werden in eine Plastikflasche oder ein großes Einmachglas gefüllt. Bei aufwendigeren Projekten wie Cider, Bier, Sake, Met und Wein dient als Hauptgärbehälter ein Eimer (8 l). Decken Sie den Gärbehälter ab und schon kann der Gärprozess beginnen.

4 • **UMFÜLLUNG DES FRISCH VERGORENEN GETRÄNKS IN DEN NACHGÄRBEHÄLTER.** Einige der oben genannten schnellen Braugetränke sind ohne Nachgärung trinkfertig. Alle anderen Getränke müssen in einen kleineren Ballon (5 l) umgefüllt werden. Im Brauereijargon spricht man von »Abziehen«. Dabei wird das Getränk von den Früchten, den Gewürzen und dem Bodensatz (dem Schlamm aus Hefe, Proteinen und anderen Stoffen auf dem Eimerboden) in einen Behälter abgesaugt, in den weniger Sauerstoff eindringen kann.

Hier verweilen die Braugetränke dann zwischen 2 Wochen und mehreren Monaten, bis die Gärung stoppt und die Nachreifung beginnt. Hefe vermehrt sich bei Raumtemperatur, bis der ganze Zucker aufgebraucht ist oder der Alkoholgehalt im Getränk zu hoch ist, als dass die Hefe darin überleben kann. Durch andere Enzymaktivitäten werden Geschmack und Charakter weiter ausgebaut.

5 • **ABFÜLLUNG DES GETRÄNKS IN FLASCHEN.** Mit Ausnahme von Milchkefir werden alle Braugetränke in diesem Buch dadurch besser, dass sie in Flaschen gefüllt werden und unterschiedlich lang nachreifen können. Limonade, Kombucha und Wasserkefir sind binnen 1–2 Tagen trinkfertig, sobald sie mit Kohlensäure versetzt sind. Cider und Bier haben etwa 4 Wochen bis 6 Monate nach Abfüllung ihre Spitzenqualität erreicht. Met, Sake und Wein können Monate oder sogar Jahre lang lagern und nachreifen. Für prickelnde Cider, Biere, Met-Weine und Weine wird kurz vor der Abfüllung etwas Zucker hinzugefügt. Somit bekommt die Hefe gerade so viel Nahrung, dass sie etwas Kohlendioxid produziert und das Getränk mit Kohlensäure versetzt.

Und zu guter Letzt natürlich Schritt 6: Zurücklehnen, eine Flasche öffnen und genießen. Wer mag, kann auch teilen.

Wie Sie die Zutaten abwiegen und abmessen

Bei Blitzrezepten für Limonade, Kombucha und Kefir verwende ich meist Messlöffel, um die relativ kleinen Mengen an Zucker, Wasser und anderen Zutaten abzumessen. Bei diesen Rezepten muss man es nicht ganz so genau nehmen. Beim Abmessen der festen Zutaten in Teelöffeln oder Esslöffeln schütteln Sie den Löffel leicht und streichen Sie mit dem Rücken eines Buttermessers darüber. Zum Abmessen der flüssigen Zutaten stellen Sie einen Messbecher auf einen ebenen Untergrund und füllen Sie ihn bis zur entsprechenden Markierung. Fügen Sie bei Bedarf mehr Flüssigkeit hinzu oder gießen Sie etwas davon ab.

Bei Cider, Bier, Met, Sake und Wein ist das exakte Abmessen aller Zutaten essenziell, um eine ordentliche Gärung und die angestrebte Zieldichte zu erzielen. Daher ist eine Digitalwaage (siehe Grundausstattung, Seite 16) wärmstens zu empfehlen.

Wie Sie Ihre Utensilien sterilisieren

Das gesamte Zubehör, das zum Brauen von Cider, Bier, Met, Sake und Wein verwendet wird, muss vor dem Gebrauch desinfiziert werden. (Für schnellere Brauprojekte wie Limonade, Kefir und Kombucha reicht es aus, die Utensilien ordentlich mit Reiniger und Wasser zu waschen.)

Füllen Sie Ihren Eimer (8 l) zur Hälfte mit Wasser und geben Sie entsprechend der Packungsanweisung Desinfektionsmittel hinzu. Legen Sie alle Utensilien in den Eimer: Löffel, Schlauch, Weinheber und alles, was sonst noch in Kontakt mit dem Braugetränk kommen wird. Wenn Sie den Eimer zum Brauen benötigen, gießen Sie die Lösung für den späteren Gebrauch in einen weiteren Eimer. (Vergessen Sie nicht, den Deckel zu desinfizieren, indem Sie ihn senkrecht in den Eimer tauchen und drehen, sodass die ganze Oberfläche keimfrei wird.)

Wie Sie einen Hefestarter herstellen

Ein »Hefestarter« hilft der Hefe, sich an ihre neue Umgebung zu gewöhnen, gibt ihr Starthilfe bei der Vermehrung und sorgt dafür, dass sie überlebensfähig ist. Für Blitzrezepte wie Limonade ist er zwar nicht nötig, aber bei der Herstellung von Cider, Bier, Met und Wein gehen Sie mit einem Hefestarter auf Nummer sicher. Verwenden Sie für das Ansetzen des Hefestarters denselben Zucker wie für das Rezept selbst: Honig für Met, Trockenmalzextrakt für Bier und so weiter. Desinfizieren Sie ein Einmachglas oder einen anderen kleinen Behälter und einen Löffel.

Geben Sie das heiße Wasser und den Zucker (wie im Rezept angegeben) in das Glas und rühren Sie um, damit sich der Zucker auflöst. Wenn die Zuckerlösung abgekühlt ist, rühren Sie die Hefe ein. (Hefestarter mit Honig benötigen 1 Prise Hefenährsalz, um der Hefe bei der Gärung auf die Sprünge zu helfen.) Verschließen Sie das Glas mit Plastikfolie und einem Gummiband und lassen Sie es bei Raumtemperatur vor direkter Sonneneinstrahlung geschützt je nach Rezept 1–12 Stunden stehen (im Allgemeinen 1–3 Stunden für Trockenhefen oder 6–12 Stunden für Flüssighefen). Nach ein paar Stunden sollten aufsteigende Bläschen und eine Schaumbildung zu beobachten sein. Trockenhefestarter machen sich meist deutlicher erkennbar als Flüssighefestarter. Solange irgendeine Art von Aktivität im Glas erkennbar ist, ist mit Ihrer Hefe alles in Ordnung. Wenn sich nach 3 Stunden nichts regt, wiederholen Sie den Vorgang mit neuer Hefe.

Was tun, wenn die Gärung nicht einsetzt oder zu früh stoppt?

Das Brauen kann so seine Tücken haben. Es kann sein, dass zu viel Zucker vorhanden und die Hefe damit überfordert ist oder dass Nährstoffe fehlen, die die Hefe in Fahrt bringen. Vielleicht war die verwendete Hefe alt, und selbst ein aktiver Starter kann die Gärung nicht ankurbeln. Möglicherweise war die Hefe auch etwas zu kalt.

Behalten Sie den Gärspund gut im Auge. Wenn Sie innerhalb von 48 Stunden nach Zugabe der Hefe kein einziges Bläschen sehen, müssen Sie aktiv werden. Überprüfen Sie zunächst die Temperatur. Wenn es zu kühl ist, stellen Sie den Gäreimer an einen wärmeren Ort, idealerweise bei rund 24 °C. Als Nächstes geben Sie einen ½ Teelöffel Hefenährsalz in das Braugetränk und rühren Sie kräftig mit einem sterilen Schaumlöffel oder Schneebesen um, damit Sauerstoff hinzukommt. Warten Sie 12 Stunden.

Bringt das auch nichts, setzen Sie einen zweiten Hefestarter an. Wenn der Starter aktiv ist, geben Sie ein wenig Braugetränk in das Glas. Warten Sie ab, ob Bläschen aufsteigen (ein Anzeichen für Gärung), und fügen Sie dann etwas mehr Braugetränk hinzu. Fügen Sie nach und nach mehr Braugetränk zum Hefestarter hinzu, bis das ganze Glas voll ist. Rühren Sie dann den Starter in den Eimer mit dem restlichen Braugetränk. Rühren Sie kräftig um, damit die Flüssigkeit mit Sauerstoff versetzt wird. Innerhalb von 12 Stunden sollte sich die Gärung anhand von Luftblasen im Gärspund bemerkbar machen.

Setzt die Gärung auch nach einem zweiten Versuch mit einem Hefestarter nicht ein, läuft etwas anderes falsch. Leider ist es an diesem Punkt wohl am besten, die Charge zu entsorgen und von Neuem zu beginnen. Das passiert zum Glück bei kleinen Braumengen extrem selten.

Wenn die Gärung nach einer aktiven Periode plötzlich aufhört, überprüfen Sie zunächst die Dichte des Getränks mit einer Spindel. Möglicherweise ist die Gärung einfach schon abgeschlossen. In diesem Fall wird die Dichte innerhalb des Bereichs der Zieldichte liegen. Wenn Sie glauben, dass noch etwas Gärtätigkeit vonnöten ist, verfahren Sie auf dieselbe Weise wie beim Starten einer inaktiven Gärung (wie oben beschrieben). Setzt die Gärung nicht wieder ein, hat das Braugetränk wahrscheinlich seine maximale Gärung erreicht, und Sie können wie im Rezept angegeben fortfahren.

Wie Sie mit einer Spindel den Alkoholgehalt messen

Eine Spindel misst die »Dichte« von Flüssigkeiten im Verhältnis zu der von Wasser und kann daher zur Bestimmung des Alkoholgehalts von Getränken dienen. Da Zuckerwasser eine höhere Dichte hat als klares Wasser, können Sie eine Messung zu Beginn der Gärung und eine weitere am Ende durchführen, um festzustellen, wie viel Zucker verarbeitet und folglich wie viel Alkohol gebildet wurde.

Füllen Sie den Standzylinder der Spindel zu drei Vierteln mit Ihrem selbstgebrauten Getränk, stellen Sie ihn auf eine ebene Oberfläche und tauchen Sie die Spindel ein. Lesen Sie die Eintauchtiefe ab und notieren Sie die Zahl. Vor der Gärung kann die »Ausgangsdichte« zwischen 1,030 und 1,150 für sehr zuckerreiche (und bald schon sehr alkoholhaltige) Getränke betragen. Nach dem Brauen reicht die »Zieldichte« von 1,015–1,000. Ziehen Sie die Zieldichte von der Ausgangsdichte ab, multiplizieren Sie den Wert mit 131,25 und Sie erhalten den Alkoholgehalt in Volumenprozent (Vol.-%).

Viele Faktoren können den Zuckergehalt in den Rezepten und die daraus resultierende Dichte beeinflussen, angefangen vom Zuckergehalt der verwendeten Früchte bis hin zur Maischtemperatur des Bieres. Da diese Faktoren variabel sind, gebe ich einen angestrebten Zielbereich in den Rezepten an. Keine Bange, wenn Sie diesen nicht exakt erreichen – im Laufe der Zeit wird Ihnen das immer besser gelingen. Selbst wenn Sie die Ziele nicht erreichen, können Sie anhand der Ausgangs- und Zieldichte den exakten Alkoholgehalt ermitteln.

Eines noch: Spindeln sind auf eine Temperatur von 20° C geeicht. Ist das Getränk wärmer oder kälter, verwenden Sie die Umrechnungstabelle, die der Spindel beiliegt.

Wie Sie Getränke abziehen

Mit einem Weinheber und Schlauch ist das Umfüllen selbstgebrauter Getränke viel einfacher und sauberer. Außerdem ist die Gefahr geringer, das Braugetränk zu kontaminieren. Sie brauchen dazu einen Weinheber, einen Gummizapfen, einen Abfüllschlauch und eine Schlauchklemme.

Zunächst einmal müssen Sie alles desinfizieren, was mit dem Braugetränk in Kontakt kommen wird. Das bedeutet auch, dass Sie Desinfektionsmittel durch den Schlauch selbst laufen lassen. Stellen Sie den Eimer oder Ballon mit dem abzufüllenden Getränk auf den Tisch und stellen Sie den leeren Ballon, den Eimer oder die Flaschen mindestens einen halben Meter darunter auf einen Stuhl. Stellen Sie den Behälter mit dem Getränk bei Bedarf auf ein paar Bücher, um die richtige Höhe zu erreichen.

Befestigen Sie den Schlauch am »Haken« des Weinhebers. Schieben Sie die Schlauchklemme über das andere Ende des Abfüllschlauchs. Lassen Sie Leitungswasser durch dieses Ende des Schlauchs laufen, bis es zügig aus dem anderen Ende des Weinhebers hinausläuft. Klemmen Sie den Schlauch rasch ab, sodass das Wasser im Schlauch bleibt.

Solange die Klemme geschlossen ist, kann das Wasser nicht entweichen. Bringen Sie zum Abfüllen das Abfüllröhrchen am freien Ende des Schlauchs an.

Befestigen Sie den Gummizapfen am Weinheber und stecken Sie den Weinheber in den Behälter mit dem Getränk. Führen Sie das offene Ende des Schlauchs in den leeren Behälter ein und öffnen Sie die Klemme. Nun wird das Getränk durch den Schlauch in den Ballon geleitet. Die kleine Wassermenge im Schlauch beeinträchtigt das Getränk nicht, aber wenn Sie möchten, können Sie es in eine Tasse leiten, bis kein Wasser mehr im Schlauch ist. Neigen Sie gegen Ende des Vorgangs den Eimer oder Ballon mit dem Getränk, um möglichst viel Flüssigkeit abzuziehen, und stoppen Sie, sobald sich trüber Bodensatz im Schlauch zeigt.

Wie Sie Ihre selbstgebrauten Getränke abfüllen

4 Liter Selbstgebrautes entsprechen etwa elf 330-ml- oder sieben 500-ml-Bierflaschen.

Stellen Sie die sterilen Flaschen auf ein Backblech oder in einen Topf, damit sie bei der Abfüllung nicht umfallen und die Arbeitsfläche sauber bleibt, falls etwas verschüttet wird. Bereiten Sie alles für das Abfüllen vor. Führen Sie das Abfüllröhrchen in die erste Flasche ein und senken Sie es so weit ab, dass der Gummizapfen gegen den Flaschenboden drückt. Öffnen Sie die Klemme und befüllen Sie die Flasche. Ist die Flasche voll, ziehen Sie das Abfüllröhrchen hoch. Durch einen Mechanismus im Abfüllröhrchen hört die Flüssigkeit automatisch zu fließen auf, ohne dass Sie die Klemme betätigen müssen. Wenn das Röhrchen aus der Flasche entfernt ist, verbleibt genau der richtige Abstand bis zum Flaschenrand. Wiederholen Sie den Vorgang mit den restlichen Flaschen.

Stellen Sie die vollen Flaschen auf eine ebene Arbeitsfläche. Setzen Sie einen Korken auf die Öffnung und fixieren Sie ihn mit dem Verkorker. Wiederholen Sie den Vorgang mit den restlichen Flaschen.

Wie Sie Weinflaschen verkorken

Kohlensäurefreie Getränke wie Met, Sake und Wein können in Weinflaschen abgefüllt werden. 4 Liter ergeben fünf 750-Milliliter-Weinflaschen. Desinfizieren Sie die Korken kurz vor der Abfüllung. Bringen Sie etwas Wasser zum Kochen und legen Sie die Korken für 5 Minuten hinein. Lassen Sie sie abtropfen und legen Sie sie auf ein sauberes Küchentuch. Dadurch werden die Korken gleichzeitig weich, sodass sie sich leichter in die Flaschen stecken lassen. Desinfizieren Sie das Abfüll-Zubehör und die Flaschen wie zuvor beschrieben (Seite 22).

Ziehen Sie den Wein wie zuvor beschrieben in die Flaschen ab und lassen Sie dabei oben im Flaschenhals etwa 2,5 cm frei. Stecken Sie mit sauberen Händen einen Korken in den Verkorker, platzieren Sie ihn über einer Flasche und drücken Sie die Griffe zusammen. Wiederholen Sie den Vorgang mit den restlichen Flaschen.

Wie Sie Getränke mit Kohlensäure versetzen

Jedes selbstgebraute Getränk mit einem Alkoholgehalt von weniger als 12 Prozent kann mit Kohlensäure versetzt werden. (Bei höheren Prozentwerten verhindert der Alkohol meist, dass die Hefe weitergären kann, weshalb keine Kohlensäureanreicherung erfolgt.) 30 g Traubenzucker genügen, um 4 l Selbstgebrautes mit Kohlensäure zu versetzen.

Lösen Sie kurz vor dem Abfüllen den Abfüllzucker (wie im Rezept beschrieben) in 125 ml kochendem Wasser auf. Gießen Sie die Lösung in einen sterilen Kochtopf. Sobald sie abgekühlt ist, leiten Sie Ihr Braugetränk in den Topf mit dem Zuckerwasser. So vermischt sich der Zucker besser und gleichmäßiger mit dem Braugetränk.

Füllen Sie das Braugetränk in die gewünschten Flaschen mit Kronkorken und warten Sie mindestens 2 Wochen mit der Verkostung. Die kleine Zuckergabe vor der Abfüllung verpasst der Hefe einen letzten Kick und sorgt für die richtige Kohlensäuremenge.

Wie Sie die Braumenge steigern

Alle Mengen, die in diesen Rezepten oder in anderen Hausbrau-Rezepten angegeben sind, lassen sich beliebig erhöhen oder reduzieren. Es muss lediglich das Verhältnis der Zutaten gleich bleiben. Ein Röhrchen oder Päckchen Hefe reicht im Allgemeinen für die Gärung von bis zu 20 Litern aus.

Bei einer größeren Braumenge empfiehlt sich die Anschaffung eines Gäreimers mit 30 l Fassungsvermögen, eines Ballons mit 25 l Fassungsvermögen und für Bier eines größeren Brautopfes. Sie alle sind im Fachhandel erhältlich. Das restliche Zubehör bleibt gleich.

Berstende Flaschen, üble Gerüche und andere Bedenken

Das einzige, worüber Sie sich beim Brauen wirklich Gedanken machen sollten, ist, ob das Endprodukt auch schmeckt. Dennoch möchte ich auf ein paar häufig geäußerte Bedenken eingehen.

EXPLODIERENDE FLASCHEN

Die Rezepte in diesem Buch enthalten sehr aktive und lebendige Hefen, die nichts lieber tun, als den ganzen Zucker im Getränk zu vertilgen. Somit besteht die Möglichkeit, dass diese Getränke beim Öffnen übersprudeln oder gar unter Druck bersten. Dagegen können Sie Folgendes tun:

- HALTEN SIE SICH AN DAS REZEPT. Stellen Sie Limonaden, Kefirs und Kombucha kühl, wenn das Rezept es verlangt, um die Gärung zu stoppen und eine zu starke Kohlensäurebildung zu verhindern. Bei Cidern, Bieren und anderen prickelnden Getränken wird vor dem Abfüllen eine ganz bestimmte Menge Zucker hinzugefügt, um das Braugetränk mit Kohlensäure zu versetzen, ohne dass sich zu viel Kohlensäure bildet. Messen Sie genau ab.

- FÜLLEN SIE KOHLENSÄUREHALTIGE GETRÄNKE NUR IN FLASCHEN, DIE DAFÜR GEEIGNET SIND. Es gibt jede Menge hübsche Flaschen, aber nicht alle halten dem Druck von kohlensäurehaltigen Getränken stand. Fordern Sie also Ihr Glück nicht heraus. Füllen Sie die Getränke lieber in einen sicheren Behälter und geben Sie sie erst vor dem Servieren in eine hübsche Flasche (siehe Seite 39).

- LASSEN SIE ABGEFÜLLTE GETRÄNKE NICHT IM WARMEN STEHEN. Limonade, Kefir und Kombucha müssen kühl gestellt werden, sobald sie ganz mit Kohlensäure versetzt sind, um den Gärprozess zu stoppen. Selbst wenn Sie das Gefühl haben, dass es bei Ihnen zu Hause, in der Garage oder im Keller kalt ist, bilden diese Getränke bei Temperaturen von über 1 °C weiterhin Kohlensäure. Cider, Bier, Met, Sake und Wein können bis zum Genuss bei Zimmertemperatur (13 °C bis 27 °C) gelagert werden, aber achten Sie im Sommer auf die Außentemperatur. Die besten Aufbewahrungsorte sind Keller, Abstellkammer (sofern sie nicht an einer Außenmauer liegt) und niedrige Schränke.

- LAGERN SIE DIE FLASCHEN IN SCHRÄNKEN ODER SCHACHTELN. Sollte wirklich einmal eine Flasche unter Druck zerspringen, ist das Malheur in einem geschlossenen Behälter nicht so groß. Gleichzeitig sind Sie sozusagen außerhalb der Schussfeldes.

ÜBLE GERÜCHE

Mit Sicherheit werden sich beim Brauen ein paar interessante Düfte bei Ihnen zu Hause verbreiten – aber keine Angst vor Beschwerden von den Nachbarn. Beim Bierbrauen

SICHERHEIT UND RECHTLICHE BESTIMMUNGEN

Selbstgebraute Getränke schaden der Gesundheit nicht. Selbst wenn Sie es mit der Hygiene und Desinfektion einmal nicht so genau genommen haben, verhindern die Säure und der (auch noch so geringe) Alkoholgehalt der Flüssigkeit, dass sich schädliche Bakterien oder andere durch Lebensmittel übertragene Krankheiten verbreiten. Das heißt nicht, dass das Getränk nicht durch äußere Einflüsse kontaminiert werden kann, es werden nur keine Erkrankungen hervorgerufen. Dennoch sollten Sie stets mit gesundem Hausverstand vorgehen. Wenn Sie Schimmel auf dem Kombuchapilz feststellen oder Ihr Bier muffig riecht, entsorgen Sie das Gemisch.

In Deutschland ist das Selbstbrauen von Bier im eigenen Haushalt bis zu einer Menge von 200 Litern pro Kalenderjahr erlaubt, ohne dass hierfür Biersteuer zu entrichten ist. Das sollte jeden Bier-Liebhaber zufriedenstellen. Zudem muss das Brauvorhaben dem zuständigen Hauptzollamt gemeldet werden. In Österreich und in der Schweiz unterliegt das Hausbrauen keiner Steuerpflicht. Das Bier darf ausschließlich für den eigenen Verbrauch hergestellt und nicht verkauft werden. Dem gemeinsamen Brauen und Verkosten von Bier im Freundeskreis steht also nichts im Wege.

entfaltet sich ein starker Geruch nach Malz und Hopfen, der jedoch rasch verfliegt, sobald das Bier im Gärgefäß ist. Andere Getränke verströmen bei der Zubereitung einen verführerischen Duft nach gekochtem Obst, sind aber sonst geruchsneutral.

Selbstgebraute Getränke haben beim Gären eine hefeartigen Duft, besonders in den ersten paar Tagen der aktivsten Gärtätigkeit, aber der Geruch ist ziemlich dezent und beschränkt sich auf die nähere Umgebung des Gäreimers.

Falls Sie Bedenken haben, platzieren Sie das Getränk in der Nähe eines geöffneten Fensters oder einer Außentür. Oder Sie machen es auf die gute alte Methode und brauen in der Badewanne.

Brauen bei heißem und kaltem Wetter

Braugetränke sind sehr temperaturempfindlich. Halten Sie die Umgebung, in der das Getränk gärt, nach Möglichkeit auf einer konstanten Raumtemperatur. 20 °C sind ideal, die Temperatur sollte nicht unter 18 °C und nicht über 29 °C liegen.

Bei höheren Temperaturen wie im Hochsommer erfolgt die Gärung viel schneller und stärker als gewohnt. Diese Getränke schmecken mitunter anders oder haben einen intensiveren Frucht-, Cider- oder Karamellgeschmack als Getränke, die bei niedrigeren Temperaturen gebraut wurden.

Das Problem bei niedrigeren Temperaturen ist, die Hefe zum Gären zu bringen. Abgesehen von Lager-Hefe und Sake-Hefe, die darauf ausgerichtet sind, bei kühleren Temperaturen aktiv zu sein, werden die meisten Hefen bei Temperaturen unter 15 °C träge. Wenn die Gärung einfach nicht in Schwung kommen will oder nur sehr langsam verläuft, stellen Sie den Gäreimer an einen wärmeren Ort. Getränke, die bei kühleren Temperaturen gären, zeichnen sich meist durch einen viel reineren und weicheren Geschmack aus.

KAPITEL 1

Limonade

EXPERTEN IM GESPRÄCH: JESSE FRIEDMAN

Wie haben Sie Ihre Leidenschaft fürs Limonade-Brauen entdeckt?

Für die Hochzeiten von Freunden habe ich öfter Bier selbst gebraut und Ginger Ale als alkoholfreie Alternative angeboten. Schon bald stellte ich fest, dass das Ginger Ale schneller alle war als das Bier! Als ein neuer Markt (New Taste Marketplace) in San Francisco eröffnete, begann ich mit dem Vertrieb meiner Limonade, die schon bald zum Renner wurde.

Wie lautet Ihre Philosophie?

Unsere Limonaden sind natürlich vergoren und für die Kohlensäureanreicherung verwenden wir Hefe. Wir versuchen, die Produktion so gut wie möglich auf die Jahreszeiten abzustimmen. Dazu schauen wir, welche Früchte auf dem Markt reif sind. Alles wird frisch per Hand gepresst, zum Süßen verwenden wir Sirup.

Was ist der heikelste Teil des Limonade-Brauens?

Einheitlichkeit zwischen den Chargen zu erzielen. Wir beschränken uns auch darauf, nur Produkte von Händlern aus der Region zu verwenden. Wenn unser Ingwer-Lieferant keinen Ingwer mehr hat, dann haben wir mit dem Ginger Ale eben Pech gehabt.

Was begeistert Sie momentan?

Bewusste Beschränkung. Ursprünglich schwebte mir vor, verrückte Geschmacksrichtungen zu kreieren. Allerdings entdeckte ich bald, dass selbst die kühnsten Genießer von diesen Limonaden nicht sonderlich angetan waren. Also gingen wir den anderen Weg und produzierten einfache Geschmacksrichtungen ohne viel Schnickschnack. Die Leute stehen darauf.

Wie entsteht ein neuer Limonadengeschmack?

Es ist eine Mischung aus Instinkt und unserem Grundrezept. Wir bauen auf diesem Grundrezept auf, und dann geht's ans Abschmecken. Wir produzieren eine Test-Charge und machen danach die Feinabstimmung.

Irgendwelche Tipps und Tricks für Selbstbrauer?

Besorgen Sie sich einen wirklich guten Entsafter für frisches Obst. So ein Gerät ist Goldes wert. Verwenden Sie nur die besten Zutaten. Obst aus dem Supermarkt schmeckt, als ob es am anderen Ende der Welt gewachsen wäre. Wenn Sie frisches Obst verarbeiten, das nur so vor Geschmack strotzt, spiegelt sich das im besseren Geschmack der Limo wider.

Jesse Friedman ist der Gründer von SodaCraft in San Francisco, Kalifornien.

Grundrezept Limonade

ERGIBT ETWA 2 LITER
(FÜR EINE 2-LITER-LIMONADENFLASCHE AUS PLASTIK)

Spritzige, frische Limonaden lassen sich aus fast allem herstellen. Lassen Sie Ingwer in Zuckersirup ziehen und Sie erhalten Ginger Ale. Holen Sie sich etwas frischen Saft vom Bauernmarkt und Sie haben am nächsten Tag eine Limonade. Fügen Sie Gewürze oder Kräuter hinzu, mischen Sie Früchte miteinander, spielen Sie mit geschmacksintensiven Zutaten, probieren Sie eine andere Zuckersorte aus – erlaubt ist, was gefällt.

Richten Sie die Menge der Früchte auf ihren persönlichen Geschmack aus. Mit weniger Obst erzielen Sie einen leichteren Geschmack, mit mehr Obst erinnert die Limonade an alkoholfreien Cider mit Kohlensäure. Alle Limonaden brauchen etwas Zitronensaft für das gewisse Etwas. Wenn das von Ihnen gewählte Obst von Natur aus wenig Säure besitzt, fügen Sie ruhig mehr Zitronensaft hinzu. Wie viel Zucker Sie verwenden, bleibt ganz Ihrem Geschmack überlassen.

ZUTATEN

1–2 kg frische oder tiefgefrorene Früchte, oder 1–2 l Fruchtsaft, vorzugsweise ungesüßt
2–6 EL frisch gepresster Zitronen- oder Limettensaft (von 1–2 Zitronen / 3–4 Limetten)
250 ml Wasser, plus mehr für die Flaschenfüllung
100–315 g weißer Kristallzucker
Geschmackszusätze: frische Ingwerwurzel, Zitronenschale, Zimtstange, Sternanis, frische Kräuter
1 Prise Salz
1/8 TL Champagner-Trockenhefe

ZUBEHÖR

Große Schüssel
Kochtopf
Messbecher und Löffel
Rührlöffel mit langem Griff
Küchenmaschine oder Standmixer
Großes feinmaschiges Sieb
Saft- oder Käsetuch (nach Belieben)
Trichter
Kleines feinmaschiges Sieb
Saubere Limoflasche (2 l) mit Schraubverschluss

HEFEN FÜR DIE LIMONADE

Zum Brauen von Limonaden verwende ich vorzugsweise Champagner- und Ale-Hefen. Sie vergären leicht und verursachen keinen Hefe-Geschmack, der das Aroma der Limonade selbst beeinträchtigt. Zur Not geht auch eine Prise aktive Trockenhefe, wie sie fürs Brotbacken verwendet wird. Backhefe hinterlässt hingegen meist einen intensiveren Hefegeschmack.

1 • Früchte von Stielen, Kernen, Schalen oder nicht zum Verzehr geeigneten Teilen befreien und in mundgerechte Stücke schneiden. Beeren und kleinere Früchte müssen nicht zerkleinert werden. Die Früchte mit dem Zitronensaft und gegebenenfalls anderen Geschmackszusätzen in einer großen Schüssel vermischen.

2 • Das Wasser in einem kleinen Kochtopf auf dem Herd oder in der Mikrowelle zum Kochen bringen. Den Topf vom Herd nehmen. Zucker und Salz einrühren und über die Früchte gießen. 10 Minuten stehen lassen, um die Früchte aufzuweichen. Bei tiefgefrorenen Früchten so lange warten, bis sie ganz aufgetaut sind. Ganze Gewürze entfernen, sobald die Früchte aufgeweicht sind. Bei der Verwendung von Fruchtsaft einfach den Saft mit dem Zuckerwasser vermischen und zur Abfüllung übergehen.

3 • Nach und nach die Früchte mit dem Saft in der Küchenmaschine oder im Standmixer pürieren. Das Püree in eine Schüssel abseihen und dabei möglichst viel Saft auffangen, ohne die Festbestandteile durch das Sieb zu pressen. Der Saft kann auch durch ein Saft- oder Käsetuch abgeseiht werden – so bleiben weniger Fruchtfleisch und Bodensatz in der Limonade.

4 • Den Saft mit dem Trichter in die saubere Flasche (2 Liter) gießen. Mit Wasser auffüllen und mindestens 2,5 cm Abstand bis zum Flaschenrand lassen. Verkosten und nach Belieben mehr Zitronensaft oder Zucker hinzufügen. Der Extra-Zucker löst sich von selbst auf.

ABFÜLLUNG LEICHTGEMACHT

Limonaden können auch in Glas- oder Bügelflaschen abgefüllt werden (siehe Seite 11), dann ist es allerdings schwieriger festzustellen, wann die Limo ganz mit Kohlensäure versetzt ist. Befüllen Sie daher mit jeder Charge auch eine kleine Plastikflasche, um zu testen, wann die Kohlensäureanreicherung abgeschlossen ist. Sobald Sie dies feststellen, geben Sie alle Flaschen in den Kühlschrank. Mit Kohlensäure versetzte Glasflaschen niemals bei Raumtemperatur lagern.

5 • Die Hefe zugeben. Den Schraubverschluss aufschrauben und die Flasche schütteln, damit sich die Hefe auflöst und verteilt. Die Flasche bei Raumtemperatur vor direkter Sonneneinstrahlung geschützt stehen lassen, bis sie mit Kohlensäure versetzt ist. Das dauert meist 12–48 Stunden. Die exakte Gärzeit hängt von der Raumtemperatur ab. Bei warmen Temperaturen wird sich rasch Kohlensäure bilden, bei kühleren Temperaturen wird es etwas länger dauern. Die Flasche regelmäßig kontrollieren. Wenn sie sich fest anfühlt und auf Druck nur ganz wenig nachgibt, ist die Limo fertig.

6 • Über Nacht oder bis zu 2 Wochen im Kühlschrank stehen lassen. Ganz vorsichtig über dem Spülbecken öffnen, um den Druck allmählich abzulassen und ein Überschäumen zu vermeiden. Zum Servieren nach Belieben durch ein feinmaschiges Sieb gießen, um Fruchtfleisch und Bodensatz zu entfernen.

Ginger Ale

ERGIBT ETWA 2 LITER
(FÜR EINE 2-LITER-LIMONADENFLASCHE AUS PLASTIK)

Ginger Ale war die erste Limonade, die ich selbst gebraut habe, und es war eine Offenbarung. Der Ingwer-Geschmack war klar und rein. Der Schuss Zitrone war die perfekte Ergänzung und der Zucker rundete das Ganze optimal ab. Ich spürte ein herrliches Prickeln auf der Zunge. Genau so muss Ginger Ale schmecken.

5 cm frische Ingwerwurzel
250 ml Wasser, plus mehr für die Flaschenfüllung
9 EL / 120 g weißer Kristallzucker, plus mehr bei Bedarf
⅛ TL Salz
5 EL frisch gepresster Zitronensaft (von 2–3 Zitronen), plus mehr bei Bedarf
⅛ TL Champagner-Trockenhefe

WIE SIE ZUCKERFREIE LIMONADE HERSTELLEN

Sind die Früchte von Natur aus nicht sehr süß, ist wahrscheinlich irgendeine Art Süßungsmittel nötig, damit die Limonade genießbar ist. Sie brauchen etwas echten Zucker, damit die Hefe gären kann und die Limonade mit Kohlensäure angereichert wird (1 EL weißer Kristallzucker pro 2 Liter Limonade). Abgesehen davon können Sie zum Süßen jedes beliebige Süßungsmittel verwenden.

1 • Den Ingwer schälen und fein reiben. Das ergibt etwa 2 EL geriebene Ingwerwurzel.

2 • Das Wasser in einem kleinen Kochtopf auf dem Herd oder in der Mikrowelle zum Kochen bringen. Den Topf vom Herd nehmen. Zucker und Salz einrühren. Den Ingwer hinzufügen und abkühlen lassen. Den Zitronensaft einrühren.

3 • Das Ingwer-Wasser mit einem Trichter in eine saubere Flasche (2 l) gießen. Den Ingwer nicht heraussieben. Mit Wasser aufgießen und mindestens 2,5 cm Abstand bis zum Flaschenrand lassen. Verkosten und nach Belieben mehr Zitronensaft oder Zucker hinzufügen. Der Extra-Zucker löst sich von selbst auf.

4 • Die Hefe zugeben. Den Schraubverschluss aufschrauben und die Flasche schütteln, damit sich die Hefe auflöst und verteilt. Die Flasche bei Raumtemperatur vor direkter Sonneneinstrahlung geschützt stehen lassen, bis sie mit Kohlensäure versetzt ist. Das dauert je nach Raumtemperatur meist 12–48 Stunden. Die Flasche regelmäßig kontrollieren. Wenn sie sich fest anfühlt und auf Druck nur ganz wenig nachgibt, ist die Limo fertig.

5 • Über Nacht oder bis zu 2 Wochen im Kühlschrank stehen lassen. Ganz vorsichtig über dem Spülbecken öffnen, um den Druck allmählich abzulassen und ein Überschäumen zu vermeiden. Die Limonade durch ein feinmaschiges Sieb gießen, um den Ingwer zu entfernen.

Erdbeerlimonade

ERGIBT ETWA 2 LITER
(FÜR EINE 2-LITER-LIMONADENFLASCHE AUS PLASTIK)

Wenn Sie den Geschmack von Sommer in einer Flasche einfangen möchten, ist diese Limonade genau das Richtige. Verwenden Sie ganz reife, fast matschige Erdbeeren. Beeren, die in der Mitte noch hart sind, sind ungeeignet. Lassen Sie auch Freunde in den Genuss dieser Köstlichkeit kommen. Wer will, gibt einen Spritzer Tequila dazu.

900 g frische oder tiefgefrorene Erdbeeren
60 ml frisch gepresster Zitronensaft (von 1–2 Zitronen), plus mehr bei Bedarf
250 ml Wasser, plus mehr für die Flaschenfüllung
9 EL / 120 g weißer Kristallzucker, plus mehr bei Bedarf
1 Prise Salz
⅛ TL Champagner-Trockenhefe

ALKOHOL IN SELBSTGEBRAUTEN LIMONADEN, KEFIRS, UND KOMBUCHAS

Wenn Hefe zur Gärung oder Anreicherung mit Kohlensäure verwendet wird, entsteht Alkohol als Nebenprodukt. Durch die kurze Gärzeit ist der Alkoholgehalt in Limonaden, Kefirs und Kombuchas allerdings gering und beträgt für gewöhnlich weniger als 1 Prozent.

1 • Die Erdbeeren entstielen, grob hacken und mit Zitronensaft in einer Schüssel vermischen.

2 • Das Wasser in einem kleinen Kochtopf auf dem Herd oder in der Mikrowelle zum Kochen bringen. Zucker und Salz einrühren und über die Erdbeeren gießen. 10 Minuten stehen lassen, um die Früchte aufzuweichen. Bei tiefgefrorenen Erdbeeren so lange warten, bis die Beeren ganz aufgetaut sind.

3 • Nach und nach die Erdbeeren in der Küchenmaschine oder im Standmixer pürieren. Das Püree in eine Schüssel abseihen, dabei möglichst viel Saft auffangen, ohne die Festbestandteile durch das Sieb zu pressen.

4 • Den Erdbeersaft mit einem Trichter in eine saubere Flasche (2 l) gießen. Mit Wasser auffüllen und mindestens 2,5 cm Abstand bis zum Flaschenrand lassen. Verkosten und nach Belieben mehr Zitronensaft oder Zucker zugeben. Der Extra-Zucker löst sich von selbst auf.

5 • Die Hefe zugeben. Den Schraubverschluss aufschrauben und die Flasche schütteln, damit sich die Hefe auflöst und verteilt. Die Flasche bei Raumtemperatur vor direkter Sonneneinstrahlung geschützt stehen lassen, bis sie mit Kohlensäure versetzt ist. Das dauert je nach Raumtemperatur meist 12–48 Stunden. Die Flasche regelmäßig kontrollieren. Wenn sie sich fest anfühlt und auf Druck nur ganz wenig nachgibt, ist die Limo fertig.

6 • Über Nacht oder bis zu 2 Wochen kühl stellen. Ganz vorsichtig über dem Spülbecken öffnen, um den Druck allmählich abzulassen und ein Überschäumen zu vermeiden.

Orangencreme-Limonade

ERGIBT ETWA 2 LITER
(FÜR EINE 2-LITER-LIMONADENFLASCHE AUS PLASTIK)

Nun raten Sie einmal, was diese Limonade so cremig macht? Nicht auf die Zutatenliste schielen! Okay, ich verrate es Ihnen: Es ist Vanille. Der cremige Eindruck rührt nicht so sehr von der Konsistenz, sondern vielmehr vom Geschmack. Bei Limonade für den täglichen Genuss verwenden Sie Vanille-Aroma, aber wenn Sie auf ein Geschmackserlebnis der ganz besonderen Art aus sind, versuchen Sie es doch mit einer aufgeschlitzten Vanilleschote.

250 ml Wasser, plus mehr für die Flaschenfüllung
250 g weißer Kristallzucker, plus mehr bei Bedarf
1 Prise Salz
Schale von 2 Orangen
1 TL Vanille-Aroma oder 1 aufgeschlitzte Vanilleschote
2 EL frisch gepresster Zitronensaft (von 1 Zitrone), plus mehr bei Bedarf
⅛ TL Champagner-Trockenhefe

1 • Das Wasser in einem kleinen Kochtopf auf dem Herd oder in der Mikrowelle zum Kochen bringen. Den Topf vom Herd nehmen. Zucker und Salz einrühren. Die Orangenschale (und nach Belieben Vanilleschote) hinzufügen und abkühlen lassen. Den Zitronensaft und das Vanille-Aroma (nach Belieben) hinzufügen.

2 • Das Orangenwasser mit einem Trichter in eine saubere Flasche (2 l) gießen. Die Orangenschale nicht heraussieben. Mit Wasser aufgießen und mindestens 2,5 cm Abstand bis zum Flaschenrand lassen. Verkosten und nach Belieben mehr Zitronensaft oder Zucker zugeben. Der Extra-Zucker löst sich von selbst auf.

3 • Die Hefe zugeben. Den Schraubverschluss aufschrauben und die Flasche schütteln, damit sich die Hefe auflöst und verteilt. Die Flasche bei Raumtemperatur vor direkter Sonneneinstrahlung geschützt stehen lassen, bis sie mit Kohlensäure versetzt ist. Das dauert je nach Raumtemperatur meist 12–48 Stunden. Die Flasche regelmäßig kontrollieren. Wenn sie sich fest anfühlt und auf Druck nur ganz wenig nachgibt, ist die Limo fertig.

4 • Über Nacht oder bis zu 2 Wochen im Kühlschrank stehen lassen. Ganz vorsichtig über dem Spülbecken öffnen, um den Druck allmählich abzulassen und ein Überschäumen zu vermeiden. Die Limonade durch ein feinmaschiges Sieb gießen, um die Orangenschale zu entfernen.

Melonen-Minze-Limonade

ERGIBT ETWA 2 LITER
(FÜR EINE 2-LITER-LIMONADENFLASCHE AUS PLASTIK)

Wassermelone und Minze sind ein perfektes Duo. Denkt man an das süße Aroma der Wassermelone und die leichte Schärfe der Minze, möchte man gar nicht glauben, wie gut sie miteinander harmonieren. Abgesehen vom tollen Geschmack sind die grünen Minzestückchen, die in prickelnder rosa Limonade schwimmen, auch eine Augenweide.

1¾ kg entkernte und gewürfelte Wassermelone (von einer etwa 2,7 kg schweren Wassermelone)

12 g frische Minzeblätter

125 ml frisch gepresster Limettensaft (von etwa 4 Limetten), plus mehr bei Bedarf

250 ml Wasser, plus mehr für die Flaschenfüllung

9 EL / 120 g weißer Kristallzucker, plus mehr bei Bedarf

1 Prise Salz

⅛ TL Champagner-Trockenhefe

1 • Die Melone, die Minze und den Limettensaft in einer großen Schüssel vermischen.

2 • Das Wasser in einem kleinen Kochtopf auf dem Herd oder in der Mikrowelle zum Kochen bringen. Den Topf vom Herd nehmen. Zucker und Salz einrühren und das Ganze über die Wassermelone gießen. 10 Minuten stehen lassen, um die Früchte aufzuweichen.

3 • Nach und nach die Wassermelone und Minze mit dem Saft in einer Küchenmaschine oder im Standmixer pürieren. Das Püree in eine Schüssel abseihen und dabei möglichst viel Saft auffangen, ohne die Festbestandteile durch das Sieb zu pressen.

4 • Den Saft mit einem Trichter in eine saubere Flasche (2 l) füllen. Mit Wasser aufgießen und mindestens 2,5 cm Platz bis zum Flaschenrand lassen. Verkosten und nach Wunsch mehr Zitronensaft oder Zucker zugeben. Der Extra-Zucker löst sich von selbst auf.

5 • Die Hefe zugeben. Den Verschluss aufschrauben und die Flasche schütteln, damit sich die Hefe auflöst und verteilt. Die Flasche bei Raumtemperatur vor direkter Sonneneinstrahlung geschützt stehen lassen, bis sie mit Kohlensäure versetzt ist. Das dauert je nach Raumtemperatur meist 12–48 Stunden. Die Flasche regelmäßig kontrollieren. Wenn sie sich fest anfühlt und auf Druck nur leicht nachgibt, ist die Limo fertig.

6 • Über Nacht oder bis zu 2 Wochen kühl stellen. Ganz vorsichtig über dem Spülbecken öffnen, um den Druck allmählich abzulassen und ein Überschäumen zu vermeiden.

Kirsch-Limetten-Limonade

ERGIBT ETWA 2 LITER
(FÜR EINE 2-LITER-LIMONADENFLASCHE AUS PLASTIK)

Ich liebe den vielseitigen Geschmack dieser Limonade. Zuerst schmeckt man die tiefgründige Süße der knackigen Sommerkirschen, dann macht sich der erfrischende Limettensaft bemerkbar – Schluck für Schluck zuerst Kirsche und dann Limette. Ich kann gar nicht genug davon bekommen.

900 g frische oder tiefgefrorene Süßkirschen, oder 1,5 l Kirschsaft

125 ml frisch gepresster Zitronensaft (von etwa 4 Limetten), plus mehr bei Bedarf

250 ml Wasser, plus mehr für die Flaschenfüllung

9 EL / 120 g weißer Kristallzucker, plus mehr bei Bedarf

1 Prise Salz

⅛ TL Champagner-Trockenhefe

1 • Die Kirschen entkernen und grob hacken. Die Früchte mit dem Limettensaft in einer großen Schüssel vermischen.

2 • Das Wasser in einem kleinen Kochtopf auf dem Herd oder in der Mikrowelle zum Kochen bringen. Den Topf vom Herd nehmen. Zucker und Salz einrühren und über die Früchte gießen. 10 Minuten stehen lassen, um die Kirschen aufzuweichen. Bei tiefgefrorenen Kirschen so lange warten, bis sie ganz aufgetaut sind. Bei Verwendung von Fruchtsaft einfach den Saft mit dem Zuckerwasser vermischen und zur Abfüllung übergehen.

WIE SIE EIN ÜBERSCHÄUMEN UND BERSTEN DER FLASCHEN VERMEIDEN

Limonaden produzieren mitunter zu viel Kohlensäure, sodass sie beim ersten Öffnen überschäumen, oder die Flaschen bersten, wenn sie zu lange nicht kühl gestellt werden. Durch die Kühlung wird die Gärung (und somit die Kohlensäurebildung) unterbrochen. Sie setzt aber wieder ein, sobald die Flasche aus dem Kühlschrank genommen wird.

Am besten füllen Sie Limonaden in gebrauchte (gereinigte!) Limonadeflaschen aus Plastik, da sich durch Zusammendrücken der Kohlensäuregehalt leicht abschätzen lässt. Öffnen Sie Limonaden stets über dem Spülbecken oder im Freien und drehen Sie den Verschluss langsam auf, damit der Druck entweichen kann.

3 • Die Kirschen nach und nach mit dem Saft in der Küchenmaschine oder im Standmixer pürieren. Das Püree in eine Schüssel abseihen und dabei möglichst viel Saft auffangen, ohne die Festbestandteile durch das Sieb zu pressen.

4 • Den Kirschsaft mit einem Trichter in eine saubere Flasche (2 l) füllen. Mit Wasser aufgießen und mindestens 2,5 cm Abstand bis zum Flaschenrand lassen. Verkosten und nach Belieben mehr Limettensaft oder Zucker zugeben. Der Extra-Zucker löst sich von selbst auf.

5 • Die Hefe zugeben. Den Schraubverschluss aufschrauben und die Flasche schütteln, damit sich die Hefe auflöst und verteilt. Die Flasche bei Raumtemperatur vor direkter Sonneneinstrahlung geschützt stehen lassen, bis sie mit Kohlensäure versetzt ist. Das dauert je nach Raumtemperatur meist 12–48 Stunden. Die Flasche regelmäßig kontrollieren. Wenn sie sich fest anfühlt und auf Druck nur ganz wenig nachgibt, ist die Limo fertig.

6 • Über Nacht oder bis zu 2 Wochen im Kühlschrank stehen lassen. Ganz vorsichtig über dem Spülbecken öffnen, um den Druck allmählich abzulassen und ein Überschäumen zu vermeiden.

WIE SIE IHRE LIMONADEN IN HÜBSCHE FLASCHEN FÜLLEN

Hübsche Flaschen sind für die Herstellung von Limonaden zwar eher ungeeignet, aber zumindest können sie mit fertiger Limonade befüllt werden! Einen kleinen Trichter in den Hals der Flasche stecken und ein Essstäbchen in den Trichter einführen. Das Stäbchen schräg halten, sodass die Spitze den Flaschenrand berührt. Die Limonade einfüllen. Das Stäbchen reduziert die Schaumbildung. Die umgefüllte Limonade ganz austrinken oder ansonsten wieder in die Originalflasche füllen.

Weintrauben-Limonade

ERGIBT ETWA 2 LITER
(FÜR EINE 2-LITER-LIMONADENFLASCHE AUS PLASTIK)

Ich werde nie vergessen, wie ich das erste Mal Isabella-Trauben gekostet habe, als ich über einen Bauernmarkt schlenderte. Sie schmecken nach Kindheit: zuckrig süße Weintrauben-Limonade, Traubengelee, Traubeneis am Stiel – die reinste, beste Traube, die man sich vorstellen kann. Es ist es wert, für dieses Rezept Isabella-Trauben oder Saft aus diesen Trauben zu besorgen. Für eine leichtere Limonade versuchen Sie rote oder weiße Tafeltrauben.

1¾ kg Isabella-Trauben oder 1,5 l Isabella-Traubensaft

125 ml frisch gepresster Zitronensaft (von 3–4 Zitronen), plus mehr bei Bedarf

250 ml Wasser, plus mehr für die Flaschenfüllung

14 EL / 180 g weißer Kristallzucker, plus mehr bei Bedarf

1 Prise Salz

⅛ TL Champagner-Trockenhefe

1 • Die Trauben mit der Küchenmaschine oder dem Standmixer grob zerkleinern. Die Kerne müssen nicht entfernt werden. Die Trauben mit dem Zitronensaft in einer großen Schüssel vermischen.

2 • Das Wasser in einem kleinen Kochtopf auf dem Herd oder in der Mikrowelle zum Kochen bringen. Den Topf vom Herd nehmen. Zucker und Salz einrühren und über die Trauben gießen. 10 Minuten stehen lassen, um die Trauben aufzuweichen. Bei Verwendung von Traubensaft einfach den Saft mit dem Zuckerwasser vermischen und zur Abfüllung übergehen.

3 • Die Trauben nach und nach mit dem Saft in der Küchenmaschine oder im Standmixer pürieren. Das Püree in eine Schüssel abseihen und dabei möglichst viel Saft auffangen, ohne die Festbestandteile durch das Sieb zu pressen.

4 • Den Saft mit einem Trichter in eine saubere Flasche (2 Liter) gießen. Mit Wasser auffüllen und mindestens 2,5 cm Abstand bis zum Flaschenrand lassen. Verkosten und nach Belieben mehr Limettensaft oder Zucker zugeben. Der Extra-Zucker löst sich von selbst auf.

5 • Die Hefe zugeben. Den Schraubverschluss aufschrauben und die Flasche schütteln, damit sich die Hefe auflöst und verteilt. Die Flasche bei Raumtemperatur vor direkter Sonneneinstrahlung geschützt stehen lassen, bis sie mit Kohlensäure versetzt ist. Das dauert je nach Raumtemperatur meist 12–48 Stunden. Die Flasche regelmäßig kontrollieren. Wenn sie sich fest anfühlt und auf Druck nur ganz wenig nachgibt, ist die Limo fertig.

6 • Über Nacht oder bis zu 2 Wochen im Kühlschrank stehen lassen. Ganz vorsichtig über dem Spülbecken öffnen, um den Druck allmählich abzulassen und ein Überschäumen zu vermeiden.

KAPITEL 2

Kombucha

EXPERTEN IM GESPRÄCH: ERIC CHILDS

Wie haben Sie Ihre Leidenschaft für das Kombucha-Brauen entdeckt?

Wie die meisten Leute habe ich Kombucha bei meinem ersten Mal als Fertiggetränk aus dem Supermarkt verkostet. Und viele Jahre lang gab ich mich damit auch zufrieden. Vor etwa sechs Jahren aber stellte ich fest, dass die Qualität und der Geschmack nicht mehr so wie früher waren. Also ging ich zu Hause selbst ans Werk. Übers Internet bestellte ich mir einen Kombuchapilz und begann mit dem Brauen. Schon bald versorgte ich auch meine Freunde damit, was mir den Spitznamen »Kombucha Man« einbrachte. Eines Tages begegneten mir in der U-Bahn binnen kürzester Zeit mehrere Leute, die Kombucha tranken – aber nur dieses Fertiggetränk aus dem Supermarkt. Da kam mir die Idee, die Leute mit selbstgemachtem Kombucha zu versorgen.

Was ist ein Kombuchapilz?

Im Prinzip handelt es sich um eine Scheibe aus Zellulose, die von den Bakterien während der Gärung gebildet wird. Diese Scheibe enthält alle Hefen und Bakterien.

Was sagen Sie Leuten, die den Kombuchapilz seltsam finden?

Er *ist* ja auch seltsam! Wir sind es nicht gewohnt, dass irgendetwas auf unserem Essen wächst. Im Hinblick auf Kombucha muss ein Umdenken stattfinden. Ich sage den Leuten immer, dass das Gärverfahren eine Methode mit langer Tradition ist, die schon unter weit unhygienischeren Bedingungen als heute angewendet wurde. Diese Art der Nahrungserzeugung gibt es schon viel länger als die Pasteurisierung, die wir gewohnt sind. Aber keine Frage: Der Kombuchapilz *ist* seltsam.

Was ist der heikelste Teil beim Kombucha-Brauen?

Sobald einmal der Anfang gemacht ist, ist es ganz leicht. Die Kultur macht ja die Arbeit. Am schwierigsten ist es, die Kultur genau zu kennen – wie sie sich in unterschiedlichen Milieus, bei unterschiedlichen Temperaturen und mit verschiedenen Zutaten verhält und durch welche Faktoren sie beeinflusst wird.

Irgendwelche Tipps und Tricks für Selbstbrauer?

Ich empfehle, stets auf denselben Tee als Basis zurückzugreifen. Finden Sie heraus, welche Tees Ihrer Kultur zusagen und bleiben Sie dabei. Beim Aromatisieren des Kombuchas nach dem Brauen haben Sie noch genügend Möglichkeiten sich geschmacklich auszutoben. Früchte eignen sich prima. Ingwer und Kombucha sind ein tolles Gespann. Ihrer Fantasie sind keine Grenzen gesetzt und die Kultur ist sehr zäh und anpassungsfähig, keine Sorge.

Eric Childs ist Gründer, Besitzer und Kombuchabrauer von Kombucha Brooklyn in Brooklyn, New York.

Grundrezept Kombucha

ERGIBT 4 L

Im Grunde genommen ist Kombucha nichts anderes als vergorener Tee. Unter dem Einfluss des Kombuchapilzes, dieser symbiotischen Kultur aus Bakterien und Hefe, verliert der Tee seine Strenge und nimmt komplexe fruchtige und würzige Aromen an. Der fertige Kombucha ist ein herbes, leicht spritziges Getränk, das ganz nebenbei auch noch gesundheitsfördernd wirkt.

Um die Menge zu erhöhen oder zu reduzieren, behalten Sie das Grundverhältnis von 200 g weißem Kristallzucker, 8 Beuteln schwarzem Tee (oder 2 EL losem Tee) und 500 ml Startertee pro 4 Liter bei. Ein Kombuchapilz reicht für die Vergärung einer beliebigen Menge, wobei es bei größeren Mengen möglicherweise länger dauert.

Achtung: Vermeiden Sie, dass der Kombucha beim und nach dem Brauen zu lange mit Metall in Kontakt kommt. Metall kann den Geschmack Ihres Kombuchas beeinträchtigen und den Kombuchapilz mit der Zeit schwächen.

ZUTATEN

3,3 l Wasser

200 g weißer Kristallzucker

8 Beutel schwarzer Tee oder 2 EL loser schwarzer Tee

500 ml Hefestarter-Tee von der letzten Kombuchaherstellung oder Kombucha aus dem Handel (nicht pasteurisiert, neutraler Geschmack)

1 Kombuchapilz pro Einmachglas (Seite 48)

Geschmackszusätze: 175–350 gehackte Früchte, 500–750 ml Fruchtsaft, 75 g Honig oder 2–4 EL frische Kräuter oder Gewürze

ZUBEHÖR

Kochtopf

Messbecher und Löffel

Rührlöffel mit langem Griff

Großes feinmaschiges Sieb

1 Einmachglas (4 l) oder 2 Einmachgläser (2 l) mit je einem Kombuchapilz, wenn ein 4-Liter-Glas zu groß oder unhandlich sein sollte

Zusätzliches Einmachglas (4 l) oder mehrere kleinere Einmachgläser zum Aromatisieren des Kombuchas

Käsetuch oder Küchenpapier

Gummibänder

2 Limonadeflaschen (2 l), gereinigt, oder 6 Bügelflaschen (500 ml)

1 • Das Wasser zum Kochen bringen. Den Topf vom Herd nehmen und den Zucker darin unter Rühren auflösen. Den Tee hineingeben und ziehen lassen, bis das Wasser abgekühlt ist. Je nach Größe des Topfes dauert das ein paar Stunden. Sie können die Abkühlzeit verkürzen, indem Sie den Topf in ein Eisbad stellen.

2 • Die Teebeutel herausnehmen oder den losen Tee heraussieben. Den Startertee einrühren. Dieser Startertee erhöht den Säuregehalt der Flüssigkeit und verhindert somit, dass sich unerwünschte Bakterien in den ersten paar Tagen ansiedeln. Die Mischung in das Einmachglas (4 l) füllen und den Kombuchapilz mit sauberen Händen vorsichtig hineingeben. Ein paar Schichten Käsetuch oder

SOFORTHILFE: KOMBUCHA

- » **Es ist nicht ungewöhnlich, dass der Kombuchapilz oben, unten oder an der Seite schwimmt. Es können sich auch braune Schlieren unter dem Pilz bilden oder auf dem Boden sammeln. Bekommt der Pilz ein Loch, Beulen, trockene, dunkelbraune oder durchsichtige geleeartige Stellen, ist er weiterhin verwendbar. Dies deutet meist auf Änderungen in der Umgebung hin und nicht auf ein Problem mit dem Kombuchapilz selbst.**
- » **Kombucha schmeckt zunächst neutral und nimmt im Verlauf der Gärung einen Essig ähnlichen Geschmack an. Beginnt er nach Käse, faulig oder unangenehm zu riechen, ist das ein Zeichen, dass etwas nicht in Ordnung ist. Ist auf dem Pilz kein pelziger Schimmel zu sehen, schütten Sie bloß die Flüssigkeit weg und beginnen Sie von Neuem mit frischem Tee. Ist Schimmel erkennbar, entsorgen Sie sowohl den Pilz als auch die Flüssigkeit und beginnen Sie mit neuen Zutaten von vorn.**
- » **Ein Kombuchapilz ist sehr lange haltbar, aber nicht unzerstörbar. Färbt er sich schwarz, ist sein Ablaufdatum erreicht. Ist grüner oder schwarzer Schimmel darauf erkennbar, ist er infiziert. Werfen Sie ihn in beiden Fällen weg und beginnen Sie von Neuem.**
- » **Damit der Kombuchapilz länger vital bleibt, halten Sie sich an das Verhältnis von Zucker, Tee, Hefestartertee und Wasser wie im Rezept angeführt. Sie können auch hin und wieder die unterste (älteste) Schicht entfernen und kompostieren, für eine neue Runde Kombucha verwenden oder an Freunde weitergeben.**
- » **Sollten Sie einmal Zweifel haben, ob mit dem Kombuchapilz alles in Ordnung ist, brauen Sie einfach mehrere Runden weiter, aber schütten Sie den Kombucha jedes Mal weg. Sollte etwas nicht in Ordnung sein, wird sich das Problem mit der Zeit verschlimmern und deutlich zutage treten. Handelt es sich um eine natürliche Ausformung des Kombuchapilzes, wird er von Runde zu Runde gleich bleiben und Sie wissen, dass der Kombucha genießbar ist.**

Küchenpapier über die Öffnung legen und mit Gummiband befestigen. So kann der Pilz atmen und wird vor Verunreinigung geschützt.

3 • Das Glas bei Raumtemperatur vor direkter Sonneneinstrahlung geschützt ruhig stehen lassen. 7–10 Tage gären lassen, dabei den Kombucha und den Kombuchapilz regelmäßig kontrollieren. Es ist nicht ungewöhnlich, dass der Kombuchapilz oben, unten oder an der Seite schwimmt. Innerhalb von ein paar Tagen sollte sich allmählich eine neue cremefarbene Schicht Kombuchapilz auf der Oberfläche des Kombuchas bilden. Sie setzt sich meist an den alten Pilz an, es ist aber auch in Ordnung, wenn sie getrennt bleiben. Möglicherweise sind auch braune Schlieren unter dem Kombuchapilz, Ablagerungen auf dem Boden und Bläschen an den Rändern des Pilzes zu beobachten. Das sind alles Anzeichen einer gesunden Gärung.

4 • Nach 7 Tagen kann der Kombucha erstmals verkostet werden. Dazu ein wenig aus dem Glas in eine Tasse gießen. Wenn der Geschmack ausgewogen süßlich-säuerlich ist, kann der Kombucha abgefüllt werden. Ansonsten täglich weiter verkosten.

Fortsetzung

GRUNDREZEPT KOMBUCHA, FORTSETZUNG

5 • Vor der Abfüllung einen weiteren Topf mit starkem zuckrigem Tee für die nächste Runde Kombucha wie oben beschrieben zubereiten.

6 • Mit sauberen Händen den Kombuchapilz aus dem Kombucha nehmen und auf einen sauberen Teller legen. Den Pilz dabei genau unter die Lupe nehmen. Er sollte dick und gummiartig mit einer cremigen Schicht oben und dunkleren Schichten darunter sein. Ein paar dunklere Punkte sind in Ordnung, bei schwarzen oder schimmeligen Stellen den Pilz wegwerfen, den Kombucha wegschütten und von Neuem beginnen. Wenn ein reifer Kombuchapilz sehr dick wird, die unteren paar Schichten entfernen. Sie können sie wegwerfen oder an Freunde weitergeben.

WIE SIE EINE PAUSE VOM KOMBUCHA-BRAUEN EINLEGEN

Sie möchten in Urlaub fahren oder eine längere Pause vom Kombucha-Brauen einlegen und wissen nicht, was Sie mit Ihrem Kombuchapilz tun sollen? Wenn Sie nicht länger als zwei Wochen weg sind, brauen Sie davor einfach eine frische Runde und lassen Sie den Kombucha stehen. Er wird wohl zu sauer zum Trinken sein, Sie können ihn aber einfach wegschütten und mit einer frischen Partie beginnen.

Bei einer längeren Pause bereiten Sie eine halbe Partie Zucker-Tee zu und stellen Sie das Glas in den Kühlschrank. Wechseln Sie die Flüssigkeit alle 4–6 Wochen aus. Bedenken Sie: Je länger der Pilz ruht, desto schwieriger erholt er sich wieder.

7 • 500 ml Startertee von dieser Runde Kombucha entnehmen und beiseitestellen. Den Kombucha in Flaschen füllen, nach Belieben Saft zum Aromatisieren hinzufügen. Mindestens 2,5 cm Abstand oben in jeder Flasche frei lassen. (Alternativ den Kombucha mit Kräutern, Gewürzen oder Früchten in ein weiteres Einmachglas einlegen, mit Käsetuch abdecken, 1–2 Tage stehen lassen, abseihen und abfüllen.)

8 • Den Kombucha bei Raumtemperatur vor direkter Sonneneinstrahlung geschützt stehen lassen, bis er mit Kohlensäure versetzt ist. Das dauert je nach Raumtemperatur meist 1–3 Tage. Auch wenn Ihr Kombucha davor schon prickelnd war, ist dieser Schritt notwendig, damit die Bläschen erhalten bleiben und das Getränk vollständig mit Kohlensäure versetzt wird. Bis Sie ein Gespür dafür bekommen, wie schnell Ihr Kombucha Kohlensäure bildet, empfiehlt es sich, ihn in Plastikflaschen zu lagern. Er ist vollständig mit Kohlensäure versetzt, wenn sich die Flaschen ganz fest anfühlen. In den Kühlschrank stellen, um die Kohlensäurebildung zu stoppen, und innerhalb von 1 Monat aufbrauchen. Es ist durchaus möglich, dass sich ein kleiner »Baby«-Kombuchapilz auf der Oberfläche des Kombuchas bildet. Dieser kann beim Herausgießen abgeseiht werden.

9 • Gleich nach dem Abfüllen die nächste Runde Kombucha zubereiten. Den zurückbehaltenen Startertee mit frischem Zucker-Tee vermischen und in das saubere Gärglas füllen. Den Pilz hineingeben, abdecken und die Gärung fortsetzen.

Pfirsicheistee-Kombucha

ERGIBT 4 L

Das einzige, was an einem Spätsommer-Nachmittag noch besser ist als Pfirsicheistee, ist prickelnder Pfirsicheistee-Kombucha. Die Kombination aus schwarzem und grünem Tee verleiht diesem Kombucha ein milderes Aroma, wodurch die Pfirsiche besser zur Geltung kommen. Verfeinern lässt sich das Getränk mit ein paar Esslöffeln geriebenem Ingwer oder ersetzen Sie einen Teil der Pfirsiche durch Himbeeren.

3,3 l Wasser
200 g weißer Kristallzucker
5 Beutel schwarzer Tee oder 1½ EL loser schwarzer Tee
3 Beutel grüner Tee oder 1½ TL loser grüner Tee
500 ml Hefestartertee von der letzten Runde Kombucha
1 Kombuchapilz (Seite 48)
2 große Pfirsiche mit Haut, gewürfelt

1 • Das Wasser zum Kochen bringen. Den Topf vom Herd nehmen und den Zucker darin unter Rühren auflösen. Den Tee hineingeben und ziehen lassen, bis das Wasser abgekühlt ist.

2 • Die Teebeutel herausnehmen oder den losen Tee heraussieben. Den Startertee einrühren. Die Mischung in ein Einmachglas (4 l) gießen und den Kombuchapilz vorsichtig hineingeben. Ein paar Schichten Käsetuch oder Küchenpapier über die Öffnung legen und mit Gummiband befestigen.

3 • Das Glas bei Raumtemperatur vor direkter Sonneneinstrahlung geschützt ruhig stehen lassen. 7–10 Tage gären lassen. Den Kombucha und den Kombuchapilz regelmäßig kontrollieren.

4 • Nach 7 Tagen den Kombucha erstmals verkosten. Wenn der Geschmack ausgewogen süßlich-säuerlich ist, kann der Kombucha abgefüllt werden. Ansonsten täglich weiter verkosten.

5 • Mit sauberen Händen den Kombuchapilz aus dem Kombucha nehmen und auf einen sauberen Teller legen. 500 ml Startertee von dieser Runde Kombucha entnehmen und für die nächste Runde beiseitestellen.

6 • Den Kombucha und die Pfirsichstücke in einem sauberen Einmachglas (4 l) vermischen oder auf kleinere Gläser verteilen. Ein paar Schichten Käsetuch oder Küchenpapier über die Öffnung legen und mit Gummiband befestigen. Das Glas bei Raumtemperatur vor direkter Sonneneinstrahlung geschützt 2 Tage stehen lassen. Die Pfirsiche abseihen und wegwerfen, den Kombucha in Flaschen füllen. Mindestens 2,5 cm Abstand oben in jeder Flasche frei lassen.

7 • Den abgefüllten Kombucha bei Raumtemperatur vor direkter Sonneneinstrahlung geschützt stehen lassen, bis er mit Kohlensäure versetzt ist. Das dauert je nach Raumtemperatur meist 1–3 Tage. In den Kühlschrank stellen, um die Kohlensäurebildung zu stoppen, und innerhalb von 1 Monat aufbrauchen.

WIE SIE IHREN EIGENEN KOMBUCHAPILZ HERSTELLEN

Nicht verzagen, wenn Sie im Bekanntenkreis keinen Gleichgesinnten haben, der Ihnen einen Kombuchapilz abgeben könnte, Sie aber keinen Pilz im Internet bestellen möchten. Die Herstellung von Kombuchpilz erfordert etwas Geduld, ist aber kein Ding der Unmöglichkeit.

3,3 l Wasser
200 g weißer Kristallzucker
8 Beutel schwarzer Tee oder 2 EL loser schwarzer Tee
500 ml Kombucha aus dem Handel (neutraler Geschmack und nicht pasteurisiert)

1 • Das Wasser in einem großen Topf zum Kochen bringen. Den Topf vom Herd nehmen und den Zucker darin unter Rühren auflösen. Den Tee hineingeben und ziehen lassen, bis das Wasser abgekühlt ist. Die Teebeutel herausnehmen oder den losen Tee heraussieben. Den gekauften Kombucha hineingießen. Die Mischung in ein Einmachglas zu 4 l oder zwei Gläser zu je 2 l füllen, wenn Sie zwei Pilze herstellen möchten. Ein paar Schichten Käsetuch oder Küchenpapier über die Glasöffnung legen und mit Gummiband befestigen.

2 • Das Glas bei Raumtemperatur vor direkter Sonneneinstrahlung geschützt ruhig stehen lassen. 7–14 Tage gären lassen. Den Kombucha täglich kontrollieren. Die ersten paar Tage wird kaum eine Gärtätigkeit erkennbar sein. Etwa am 5. Tag zeigen sich möglicherweise weißer Schaum oder Bläschen auf der Oberfläche. Ein paar Tage später bildet sich transparentes Gelee auf der Oberfläche, das nach Essig riecht. Das Gelee verfärbt sich cremebeige und kann Blasen, Runzeln, Flecken oder Ähnliches aufweisen.

3 • Hat der Kombuchapilz eine dicke geleeartige, 3–6 mm dicke Schicht gebildet, ist er einsatzbereit. Die für die Pilzherstellung verwendete Flüssigkeit wegschütten und von Neuem beginnen. Die ersten paar Runden Kombucha werden möglicherweise länger als normal brauchen oder nicht so schnell Kohlensäure bilden. Je stärker der Pilz wird und je mehr er sich an die Umgebung gewöhnt, desto stabiler wird der Kombucha und der Kombuchapilz selbst sieht wie eine glatte, gummiartige Scheibe aus.

Hibiskuskombucha

ERGIBT 4 L

Hibiskuskombucha schmeckt ganz anders, als man es erwarten würde. Hibiskustee schmeckt eher süß und blumig, während der Hibiskus durch den Kombucha an Süße verliert und interessante Aromen annimmt, die an Beeren erinnern. Wie auch immer Sie zu Hibiskus stehen, lassen Sie sich diesen Kombucha nicht entgehen – allein schon, um sich von der Veränderung verblüffen zu lassen.

3,3 l Wasser
200 g weißer Kristallzucker
8 Beutel schwarzer Tee oder 2 EL loser schwarzer Tee
500 ml Hefestartertee von der letzten Runde Kombucha
1 Kombuchapilz (Seite 48)
2 EL getrocknete Hibiskusblüten oder Hibiskusblütenee

1 • Das Wasser zum Kochen bringen. Den Topf vom Herd nehmen und den Zucker darin unter Rühren auflösen. Den Tee hineingeben und ziehen lassen, bis das Wasser abgekühlt ist.

2 • Die Teebeutel herausnehmen oder den losen Tee heraussieben. Den Startertee einrühren. Die Mischung in ein Einmachglas (4 l) gießen und den Kombuchapilz vorsichtig hineingeben. Ein paar Schichten Käsetuch oder Küchenpapier über die Öffnung legen und mit Gummiband befestigen.

3 • Das Glas bei Raumtemperatur vor direkter Sonneneinstrahlung geschützt ruhig stehen lassen. 7–10 Tage gären lassen. Den Kombucha und den Kombuchapilz regelmäßig kontrollieren.

4 • Nach 7 Tagen den Kombucha erstmals verkosten. Wenn der Geschmack ausgewogen süßlich-säuerlich ist, kann der Kombucha abgefüllt werden. Ansonsten täglich weiter verkosten.

5 • Mit sauberen Händen den Kombuchapilz aus dem Kombucha nehmen und auf einen sauberen Teller legen. 500 ml Startertee von dieser Runde Kombucha entnehmen und für die nächste Runde beiseitestellen.

6 • Den Kombucha und die Hibiskusblüten in einem sauberen Einmachglas (4 l) vermischen oder auf kleinere Gläser verteilen. Ein paar Schichten Käsetuch oder Küchenpapier über die Öffnung legen und mit Gummiband befestigen. Das Glas bei Raumtemperatur vor direkter Sonneneinstrahlung geschützt 2 Tage stehen lassen. Die Hibiskusblüten aus dem Kombucha abseihen und den Kombucha abfüllen. Mindestens 2,5 cm Abstand oben in jeder Flasche frei lassen.

7 • Den abgefüllten Kombucha bei Raumtemperatur vor direkter Sonneneinstrahlung geschützt stehen lassen, bis er mit Kohlensäure versetzt ist. Das dauert je nach Raumtemperatur meist 1–3 Tage. In den Kühlschrank stellen, um die Kohlensäurebildung zu stoppen, und innerhalb von 1 Monat aufbrauchen.

Brombeer-Salbei-Kombucha

ERGIBT 4 L

Nicht lange und Sie werden beginnen, Ihren Kombucha mit allen erdenklichen Zutaten zu aromatisieren, die Ihnen zwischen die Finger kommen. Diese Kombination entstand aus einer Handvoll frischer Brombeeren, einem übrig gebliebenen Bund Salbei und einem fast schon vergessenen Tee aus Collegezeiten. Warum nicht? Wie heißt es so schön: Not macht erfinderisch.

3,3 l Wasser
200 g weißer Kristallzucker
8 Beutel schwarzer Tee oder 2 EL loser schwarzer Tee
500 ml Hefestartertee von der letzten Runde Kombucha
1 Kombuchapilz (Seite 48)
14 frische Salbeiblätter
350 g Brombeeren

1 • Das Wasser zum Kochen bringen. Den Topf vom Herd nehmen und den Zucker darin unter Rühren auflösen. Den Tee hineingeben und ziehen lassen, bis das Wasser abgekühlt ist.

2 • Die Teebeutel herausnehmen oder den losen Tee heraussieben. Den Startertee einrühren. Die Mischung in ein Einmachglas (4 l) gießen und den Kombuchapilz vorsichtig hineingeben. Ein paar Schichten Käsetuch oder Küchenpapier über die Öffnung legen und mit Gummiband befestigen.

3 • Das Glas bei Raumtemperatur vor direkter Sonneneinstrahlung geschützt ruhig stehen lassen. 7–10 Tage gären lassen. Den Kombucha und den Kombuchapilz regelmäßig kontrollieren.

4 • Nach 7 Tagen den Kombucha erstmals verkosten. Wenn der Geschmack ausgewogen süßlich-säuerlich ist, kann der Kombucha abgefüllt werden. Ansonsten täglich weiter verkosten.

5 • Mit sauberen Händen den Kombuchapilz aus dem Kombucha nehmen und auf einen sauberen Teller legen. 500 ml Startertee von dieser Runde Kombucha entnehmen und für die nächste Runde beiseitestellen.

6 • Die Salbeiblätter in Stücke reißen und mit den Brombeeren in einem sauberen Einmachglas (4 l) vermischen oder auf kleinere Gläser verteilen. Die Blätter und Beeren mit einem langen Löffel zerstampfen, sodass sie ihren Saft abgeben. Den Kombucha darübergießen. Ein paar Schichten Käsetuch oder Küchenpapier über die Öffnung legen und mit Gummiband befestigen. Das Glas bei Raumtemperatur vor direkter Sonneneinstrahlung geschützt 2 Tage stehen lassen. Die Beeren und Salbeiblätter aus dem Kombucha abseihen und den Kombucha in Flaschen füllen. Mindestens 2,5 cm Abstand oben in jeder Flasche frei lassen.

7 • Den abgefüllten Kombucha bei Raumtemperatur vor direkter Sonneneinstrahlung geschützt stehen lassen, bis er mit Kohlensäure versetzt ist. Das dauert je nach Raumtemperatur meist 1–3 Tage. In den Kühlschrank stellen, um die Kohlensäurebildung zu stoppen, und innerhalb von 1 Monat aufbrauchen.

Honig-Grüntee-Kombucha

ERGIBT 4 L

Aus Grüntee lässt sich ein besonders raffinierter Kombucha gewinnen. Mit etwas Honig verfeinert, der die blumigen Aromen zum Vorschein bringt, ist dieser Kombucha die ideale Erfrischung bei einem Gartenfest. Möglicherweise macht der Honig dem Kombuchapilz etwas zu schaffen – seine antibakteriellen Eigenschaften können die Bakterien im Kombuchapilz mit der Zeit schwächen. Daher wird diesem Kombucha der Honig erst in den Flaschen zugesetzt.

3,3 l Wasser
200 g weißer Kristallzucker
8 Beutel grüner Tee oder 2 EL loser grüner Tee
500 ml Hefestartertee von der letzten Runde Kombucha
1 Kombuchapilz (Seite 48)
270 g Honig

1 • Das Wasser zum Kochen bringen. Den Topf vom Herd nehmen und den Zucker darin unter Rühren auflösen. Den Tee hineingeben und ziehen lassen, bis das Wasser abgekühlt ist.

2 • Die Teebeutel herausnehmen oder den losen Tee heraussieben. Den Startertee einrühren. Die Mischung in ein Einmachglas (4 l) gießen und den Kombuchapilz vorsichtig hineingeben. Ein paar Schichten Käsetuch oder Küchenpapier über die Öffnung legen und mit Gummiband befestigen.

3 • Das Glas bei Raumtemperatur vor direkter Sonneneinstrahlung geschützt ruhig stehen lassen. 7–10 Tage gären lassen. Den Kombucha und den Kombuchapilz regelmäßig kontrollieren.

4 • Nach 7 Tagen den Kombucha erstmals verkosten. Wenn der Geschmack ausgewogen süßlich-säuerlich ist, kann der Kombucha abgefüllt werden. Ansonsten täglich weiter verkosten.

5 • Mit sauberen Händen den Kombuchapilz aus dem Kombucha nehmen und auf einen sauberen Teller legen. 500 ml Startertee von dieser Runde Kombucha entnehmen und für die nächste Runde beiseitestellen.

6 • Den Honig gleichmäßig auf die Behälter, die Sie zum Abfüllen verwenden, verteilen und den Kombucha darübergießen. Mindestens 2,5 cm Abstand oben in jeder Flasche frei lassen. Die Verschlüsse zuschrauben und die Flaschen schütteln, damit sich der Honig auflöst.

7 • Den abgefüllten Kombucha bei Raumtemperatur vor direkter Sonneneinstrahlung geschützt stehen lassen, bis er mit Kohlensäure versetzt ist. Das dauert je nach Raumtemperatur meist 1–3 Tage. In den Kühlschrank stellen, um die Kohlensäurebildung zu stoppen, und innerhalb von 1 Monat aufbrauchen.

Kombucha mit weißem Tee und Granatapfel

ERGIBT 4 L

Das milde und fruchtige Aroma von Kombucha aus weißem Tee bietet die ideale Grundlage, wenn Sie den Geschmack einer bestimmten Frucht besonders unterstreichen möchten. Ich kombiniere ihn gern mit intensiv schmeckenden Früchten wie Granatapfel und Cranberry. Der dezente Geschmack des Tees mildert die Intensität der Früchte ab, ohne deren Charakter zu verändern.

3,5 l Wasser
200 g weißer Kristallzucker
8 Beutel weißer Tee oder 2 EL loser weißer Tee
500 ml Hefestartertee von der letzten Runde Kombucha
1 Kombuchapilz (Seite 48)
850 ml Granatapfelsaft

1 • Das Wasser zum Kochen bringen. Vom Herd nehmen und den Zucker darin unter Rühren auflösen. Den Tee hineingeben und ziehen lassen, bis das Wasser abgekühlt ist.

2 • Die Teebeutel herausnehmen oder den losen Tee heraussieben. Den Startertee einrühren. Die Mischung in ein Einmachglas (41) gießen und den Kombuchapilz vorsichtig hineingeben. Ein paar Schichten Käsetuch oder Küchenpapier über die Öffnung legen und mit Gummiband befestigen.

3 • Das Glas bei Raumtemperatur vor direkter Sonneneinstrahlung geschützt ruhig stehen lassen. 7–10 Tage gären lassen. Den Kombucha und den Kombuchapilz regelmäßig kontrollieren.

4 • Nach 7 Tagen den Kombucha erstmals verkosten. Wenn der Geschmack ausgewogen süßlich-säuerlich ist, kann der Kombucha abgefüllt werden. Ansonsten täglich weiter verkosten.

5 • Mit sauberen Händen den Kombuchapilz aus dem Kombucha nehmen und auf einen sauberen Teller legen. 500 ml Startertee von dieser Runde Kombucha entnehmen und für die nächste Runde beiseitestellen.

6 • Den Kombucha und den Granatapfelsaft in einem sauberen Behälter vermischen. In Flaschen füllen und mindestens 2,5 cm Abstand oben in jeder Flasche frei lassen.

7 • Den abgefüllten Kombucha bei Raumtemperatur vor direkter Sonneneinstrahlung geschützt stehen lassen, bis er mit Kohlensäure versetzt ist. Das dauert je nach Raumtemperatur meist 1–3 Tage. In den Kühlschrank stellen, um die Kohlensäurebildung zu stoppen, und innerhalb von 1 Monat aufbrauchen.

WIE SIE IHREN KOMBUCHA SONST NOCH AROMATISIEREN KÖNNEN

Halten Sie sich stets an das Mengenverhältnis des Grundrezepts von Seite 44. Abgesehen davon dürfen Sie sich aber nach Lust und Laune austoben.

Bei schwarzem Tee gärt der Kombuchapilz meist am besten. Sobald Ihr Pilz gut entwickelt ist, können Sie sich auch an andere Teesorten heranwagen. Grüner Tee, weißer Tee, Oolong-Tee oder eine Mischung davon sorgen für einen besonders guten Kombucha. Sie können Kräutertees verwenden, sollten jedoch zumindest ein paar Beutel koffeinhaltigen Schwarztee dazugeben, damit der Pilz auch sicher alle nötigen Nährstoffe bekommt (fertiger Kombucha enthält etwas Koffein). Finger weg von ölhaltigen Tees wie Earl Grey oder aromatisiertem Tee.

Als Zucker ist weißer Kristallzucker geeignet (vorzugsweise in Bio-Qualität). Er wird von den Hefen und Bakterien im Kombuchapilz am leichtesten verwertet. Andere Sorten wie Vollrohrzucker oder Honig sind mit Vorsicht zu genießen, da sie für den Pilz schwerer verdaulich sind und sein Ökosystem stören können. Falls Sie dennoch nicht darauf verzichten wollen, sollten Sie den Pilz genau im Auge behalten und alle paar Runden auf weißen Zucker zurückgreifen. Damit der Pilz vital bleibt, achten Sie stets auf das Verhältnis von Zucker und Wasser im Grundrezept. Kombuchas mit reduziertem Zuckergehalt sind nicht zu empfehlen. Je länger Sie Ihren Kombucha gären lassen, desto mehr Zucker wird verbraucht und desto weniger verbleibt im fertigen Getränk.

Zum Aromatisieren von 4 l Kombucha nach dem Brauen probieren Sie eine der folgenden Zutaten: 350 g Obststücke, 500–750 ml Fruchtsaft, mehrere EL geriebener Ingwer, mehrere EL anderer aromatisierter Tee oder frische Kräuter und Gewürze.

KAPITEL 3

Kefir

EXPERTEN IM GESPRÄCH: NANCY VAN BRASCH HAMREN

Wie haben Sie Ihre Leidenschaft für die Herstellung von Kefir entdeckt?

Zwei, drei Jahre nach der Eröffnung von Nancy's Yogurt zu Beginn der 1970er-Jahre gingen wir daran, Kefir herzustellen. Zunächst verwendeten wir eine Mischung aus verschiedenen Kulturen und süßten den Kefir mit Honig. Jahrelang hatte er eine treue, aber kleine Fangemeinde. Vor vier Jahren standen wir vor der Entscheidung: entweder den Kefir einer Generalüberholung unterziehen oder es ganz bleiben lassen. Also verpassten wir ihm eine neues Kleid, stiegen ganz auf Bio um und aromatisierten den Kefir mit Agave und Früchten aus biologischem Anbau.

Warum sollten die Leute Kefir trinken?

Vergorene Lebensmittel sind leichter verdaulich. Fügt man Milch Bakterien oder Hefe hinzu, zerspalten diese das Kasein und die Laktose, verdauen sie und produzieren Milchsäure und B-Vitamine. Manche Menschen vertragen keine Milch, haben aber keine Probleme mit Joghurt oder Kefir. Durch die Vergärung wird die Nahrung so aufbereitet, dass sie für den Körper leichter verdaulich ist.

Wie würden Sie den Geschmack von Kefir beschreiben?

Eine Mischung aus Buttermilch und Joghurt. Eine der Geschmackskomponenten ist Acetaldehyd, das typische Aroma grüner Äpfel, das von der Kefirkultur erzeugt wird. Dann wäre da noch Milchsäure, die dem Geschmack von Buttermilch gleicht, und schließlich Diacetyl, der buttrige Geruch und Geschmack. Dann ist da noch Ethansäure, die Essig gleicht.

Was ist der heikelste Teil an der Kefir-Erzeugung?

Die schwierigste Entscheidung ist, wie viel man in die Erzeugung investieren will. Unser Kefir wird in einem Bottich gemacht. Wenn die richtige Säure und Dicke erreicht sind, kühlen wir den Kefir ganz langsam ab. Man kann das Ganze auch im Schnelldurchlauf machen oder andere Zutaten zugeben, um die Dicke und den Geschmack zu steigern. Aber dann ist der Kefir nicht wirklich vergoren und die Laktose nicht wirklich aufgespalten.

Irgendwelche Tipps und Tricks für Selbstbrauer?

Keine Scheu – toben Sie sich aus und sehen Sie, was passiert. Kefirkörner wachsen bei Raumtemperatur. Ein paar Esslöffel Milchpulver erhöhen die Festbestandteile und helfen den Bakterien und der Hefe beim Wachsen.

Nancy Van Brasch Hamren ist die Gründerin von Nancy's Yogurt in Eugene, Oregon.

Grundrezept Milchkefir

ERGIBT 250 ML

Kefir kann man sich als so etwas wie flüssigen Joghurt vorstellen. Er ist dicker als Milch, aber nicht so löffelfest wie Joghurt, dem er geschmacklich gleicht. Kefir besitzt auch die gleichen gesunden Bakterien und probiotischen Bakterien wie Joghurt, mit dem zusätzlichen Bonus von etwas Hefe. Und all das dank ein paar klitzekleiner Kefirkörner, die unermüdlich daran arbeiten, die Milch zu vergären. Wie der Kombuchapilz sind Kefirkörner natürliche Zellstrukturen aus Bakterien und Hefe (und daher glutenfrei).

Um die Menge des Kefirs, die Sie mit jeder Runde herstellen, zu steigern, halten Sie sich einfach an das Verhältnis von 250 ml Milch zu 1 Teelöffel Körnern. Nach einiger Zeit werden die Körner beginnen sich zu vermehren. Sie können sie aufteilen, um mehrere Chargen Kefir gleichzeitig herzustellen, sie an Freunde weitergeben oder sie zur längeren Aufbewahrung trocknen (siehe »Wenn Sie einmal eine Pause vom Kefir-Brauen einlegen wollen«, Seite 65).

Achtung: Da Metall den Geschmack des Kefirs sowie die Körner beeinträchtigen kann, sollten Sie bei und nach der Gärung längeren Kontakt zwischen Kefirkörnern oder Kefir und Metall vermeiden.

ZUTATEN

250 ml Milch (siehe Brauereibedarf, Seite 12)
1 TL Kefirkörner

ZUBEHÖR

Einmachglas (500 ml)
Messbecher und Löffel
Rührlöffel mit langem Griff
Käsetuch oder Küchenpapier
Gummiband
Kleines feinmaschiges Sieb
Glas- oder Plastikbehälter mit Deckel

1 • Die Milch in das Einmachglas gießen und die Kefirkörner dazugeben. Ein paar Schichten Käsetuch oder Küchenpapier über die Öffnung legen und mit Gummiband befestigen.

2 • Das Glas bei Raumtemperatur und vor direkter Sonneneinstrahlung geschützt lagern und den Kefir reifen lassen. Gesunde Kefirkörner reifen bei 20 °C meist binnen 24 Stunden. Bei wärmeren Temperaturen kann sich dieser Zeitraum auf 12 Stunden reduzieren, bei kühleren Temperaturen auf bis zu 48 Stunden erhöhen. Den Kefir regelmäßig kontrollieren, bis Sie ein Gespür dafür haben, wie schnell er vergärt (siehe »Soforthilfe: Milchkefir«, Seite 60).

3 • Den Kefir durch ein Sieb in den Vorratsbehälter aus Glas oder Plastik gießen und dabei vorsichtig umrühren, bis nur mehr die Körner im Sieb zurückbleiben. Den Kefir im verschlossenen Behälter im Kühlschrank aufbewahren und innerhalb von 2 Wochen aufbrauchen. Die Körner für den nächsten Einsatz in ein neues Einmachglas mit Milch geben.

Fortsetzung

GRUNDREZEPT MILCHKEFIR, FORTSETZUNG

Abseihen der Kefirkörner

SOFORTHILFE: MILCHKEFIR

» Teilt sich Ihr Kefir in eine dicke Schicht oben und eine wässrige Schicht am Boden, ist dies ein Anzeichen dafür, dass der Kefir überfermentiert ist. Die Körner sind noch immer gesund und der Kefir genießbar, aber lassen Sie den Kefir beim nächsten Mal kürzer gären.

» Ist der Kefir nicht binnen 48 Stunden vergoren, die Körner abseihen und mit frischer Milch von Neuem beginnen. Je nach Umständen (kalte Raumtemperatur, Revitalisierung dehydrierter Kefirkörner, eine neue Milchsorte etc.) kann es mehrere Runden dauern, bis der Kefir richtig vergärt.

» Bei Temperaturen über 30 °C wird die Milch schneller sauer oder es bilden sich schneller schädliche Bakterien, wodurch die Kefirkörner absterben können. Wenn es bei Ihnen zu Hause im Sommer sehr heiß wird, lagern Sie den Kefir an einem kühleren Ort oder im Kühlschrank.

» Beginnt die Milch oder der Kefir unappetitlich zu riechen oder zu schmecken, die Kefirkörner sofort abseihen, die Milch wegschütten und mit einer neuen Runde beginnen. Passiert das mehrmals hintereinander, sind die Körner wahrscheinlich abgestorben und Sie müssen mit neuen Körnern von vorn beginnen.

Grundrezept Wasserkefir

ERGIBT ETWA 1 LITER

Während beim Milch-Kefir die Laktose das Lebenselixir der Kefirkörner ist, ernähren sich die Wasserkefirkörner von in Wasser gelöstem Zucker. An sich hat Wasserkefir einen leicht süßen Geschmack – er benötigt einen Spritzer Zitrone und ein paar Früchte, damit er das gewisse Etwas bekommt. Mit Kohlensäure versetzter aromatisierter Kefir muss den Vergleich mit Limonade nicht scheuen. Zudem ist Wasserkefir glutenfrei und strotzt nur so vor gesunden probiotischen Bakterien.

Um die Menge des Kefirs zu erhöhen, halten Sie sich einfach an das Verhältnis von 1 Liter Zuckerwasser zu mindestens 1 Teelöffel Körnern. Nach einiger Zeit werden Ihre Körner beginnen sich zu vermehren. Sie können sie aufteilen, um mehrere Chargen Kefir gleichzeitig herzustellen, sie an Freunde weitergeben, oder sie zur längeren Aufbewahrung trocknen (siehe »Wenn Sie einmal eine Pause vom Kefir-Brauen einlegen wollen«, Seite 65).

Achtung: Da Metall den Geschmack des Kefirs sowie die Körner beeinträchtigen kann, sollten Sie bei und nach der Gärung längeren Kontakt zwischen Kefirkörnern oder Kefir und Metall vermeiden.

ZUTATEN

1 l Wasser

4½ EL weißer Kristallzucker (für einen leichteren Geschmack) oder Rohrohrzucker (für einen intensiveren Geschmack)

1–3 EL Wasserkefirkörner

Saft von 1 Zitrone

Geschmackszusätze: 85–175 g gewürfelte Früchte oder 125–250 ml Fruchtsaft

ZUBEHÖR

Einmachglas (1 l)

Messbecher und -löffel

Rührlöffel mit langem Griff

Käsetuch oder Küchenpapier

Gummiband

Kleines feinmaschiges Sieb

1 Limonadenflasche (1 Liter), gereinigt, oder 2 Bügelflaschen (500 ml)

1 • Das Wasser zum Kochen bringen. Vom Herd nehmen und den Zucker darin unter Rühren auflösen. Den Topf beiseitestellen und warten, bis das Wasser ganz abgekühlt ist. Das dauert etwa 1–2 Stunden. Sie können das Ganze beschleunigen, indem Sie den Topf in ein Eisbad stellen.

2 • Das Zuckerwasser in das Einmachglas füllen. Die Kefirkörner hinzufügen, ein paar Schichten Käsetuch oder Küchenpapier über die Öffnung legen und mit Gummiband befestigen. Das Glas bei Raumtemperatur und vor direkter Sonneneinstrahlung geschützt lagern und den Kefir reifen lassen.

3 • Unter Umständen tut sich in dieser Zeit nicht viel im Kefir. Möglicherweise bilden sich

Fortsetzung

GRUNDREZEPT WASSERKEFIR, FORTSETZUNG

ein paar Bläschen an der Oberfläche und das Wasser wird trüb, aber keine Bange, falls Sie nichts dergleichen beobachten. Der fertige Kefir wird zwar süß schmecken, aber nicht mehr so süß wie zu Beginn der Gärung. Der deutlichste Hinweis darauf, dass die Gärung ordnungsgemäß verläuft, ist die Kohlensäurebildung im nächsten Schritt.

4 • Den Kefir durch ein Sieb in einen Messbecher gießen und den Zitronensaft einrühren. Den Kefir zusammen mit dem gewünschten Saft zum Aromatisieren in Flaschen füllen. Mindestens 2,5 cm Abstand oben in jeder Flasche frei lassen. (Alternativ den Kefir mit Kräutern, Gewürzen oder Früchten in ein weiteres Einmachglas einlegen, mit Käsetuch abdecken, nach 1–2 Tagen abseihen und abfüllen.) Die Körner in ein neues Glas Zuckerwasser geben, um eine neue Runde Kefir anzusetzen.

5 • Den Kefir bei Raumtemperatur vor direkter Sonneneinstrahlung geschützt lagern, bis er mit Kohlensäure versetzt ist. Das dauert meist 1–3 Tage. Die exakte Gärzeit hängt von der Raumtemperatur ab: Wasserkefir bildet bei warmen Temperaturen rasch Kohlensäure, bei kühleren Temperaturen dauert es etwas länger. Auch wenn Ihr Kefir davor schon prickelnd war, ist dieser Schritt notwendig, damit die Bläschen erhalten bleiben und das Getränk vollständig mit Kohlensäure versetzt wird. Bis Sie ein Gespür dafür bekommen, wie schnell Ihr Kefir Kohlensäure bildet, empfiehlt es sich, ihn in Plastikflaschen zu lagern. Der Kefir ist vollständig mit Kohlensäure versetzt, wenn sich die Flaschen ganz fest anfühlen.

6 • Die Flaschen in den Kühlschrank stellen, um die Kohlensäurebildung zu stoppen, und innerhalb von 1 Monat aufbrauchen.

SOFORTHILFE: WASSERKEFIR

» **Wasserkefirkörner fühlen sich bei einer Raumtemperatur von durchschnittlich 20 °C am wohlsten. Ist es bei Ihnen zu Hause kühler, brauchen die Körner unter Umständen länger für ihre Tätigkeit. Bei wärmeren Temperaturen verarbeiten sie das Zuckerwasser möglicherweise schneller.**

» **Wasserkefirkörner sind ganz schön zäh. Sollten Sie die letzte Runde zu lange stehen gelassen haben, kann es sein, dass sie ein paar Tage lang träge sind, doch sie erholen sich wieder. Bei dehydrierten Körnern kann es ein paar Runden dauern, bis sie wieder ordentlich in Schwung kommen.**

» **Falls Sie keinen Zucker in Bio-Qualität verwendet haben, steigen Sie auf Bio-Zucker um. Herkömmlicher Zucker kann künstliche Stoffe enthalten, die die Körner mit der Zeit schwächen.**

» **Sollten die Wasserkefirkörner trotz dieser Soforthilfemaßnahmen träge sein, extrem nach Hefe oder Käse riechen, sich schleimig anfühlen oder seltsam anmuten, legen Sie sie in Wasserkefir-Vitallösung (Seite 71) ein.**

Kefir-Smoothie mit Kirschen, Pistazien und Kardamom

FÜR 1 PERSON

Müsste ich auf einer einsamen Insel leben, würde ich mir wünschen, dass es dort Kirschen, Pistazien und Kardamom gäbe. Von diesem Trio kann ich gar nicht genug bekommen. Die Pistazienkerne machen den Smoothie schön sämig. Bleibt nur zu hoffen, dass es auf dieser Insel auch einen funktionierenden Standmixer gibt.

250 ml Milchkefir (Seite 59)
175 g frische oder tiefgefrorene entsteinte Süßkirschen
1 EL Honig
¼ TL gemahlener Kardamom
2 EL Pistazienkerne ohne Schale

• Alle Zutaten in einem Standmixer auf hoher Stufe zu einem glatten, cremigen Smoothie pürieren.

Kefir-Smoothie mit Bananen und Beeren

FÜR 1 PERSON

Das ist mein »Energie-Smoothie« für den Morgen. Ich liebe die Kombination aus säuerlichen Erdbeeren und süßen Blaubeeren, und dank der Banane schmeckt das Ganze fast wie Eiscreme.Mit diesem Smoothie im Bauch starte ich voller Elan in den Tag und mich bringt so schnell nichts aus der Ruhe.

250 ml Milchkefir (Seite 59)
½ reife Banane, in Scheiben geschnitten
50 g frische oder tiefgefrorene Erdbeeren
50 g frische oder tiefgefrorene Blaubeeren
2 EL Ahornsirup
½ TL gemahlener Zimt
1 Prise gemahlene Muskatnuss

• Alle Zutaten in einem Standmixer auf hoher Stufe zu einem glatten, cremigen Smoothie pürieren.

Mango-Lassi-Kefir-Smoothie

FÜR 1 PERSON

Je heißer der Tag, desto größer das Verlangen nach einem Mango Lassi. Dieser Drink stillt nicht nur die Lust auf Süß-Saures, sondern dient an Hundstagen, an denen man keinen Appetit hat, zugleich als Mahlzeit.

250 ml Milchkefir (Seite 59)

1 sehr reife Mango, geschält und grob gehackt, oder 175 g tiefgefrorene Mangostücke

1 EL Honig

• Alle Zutaten in einem Standmixer auf hoher Stufe zu einem glatten, cremigen Smoothie pürieren.

WENN SIE EINMAL EINE PAUSE VOM KEFIR-BRAUEN EINLEGEN WOLLEN

Wenn Sie einmal eine Pause von der Kefir-Zubereitung einlegen wollen, geben Sie die Körner einfach in frische Milch oder frisches Zuckerwasser und stellen Sie das Glas in den Kühlschrank. Die Hefe und die Bakterien in den Körnern stellen ihre Tätigkeit bei Kälte ein und verbleiben bis zu 1 Monat in diesem Zustand. Kefirkörner brauchen nach einer Ruhezeit mitunter ein paar Runden, bis sie wieder voll in Fahrt kommen. Wechseln Sie die alte Milch oder das Zuckerwasser alle 48 Stunden aus, bis Sie erste Anzeichen von Gärung (Eindicken des Milchkefirs und weniger süßen Geschmack beim Wasserkefir) feststellen.

Wenn Sie überschüssige Körner haben oder die Körner länger aufbewahren möchten, können Sie sie trocknen. Die Körner mit Wasser abspülen und auf einem Stück Backpapier ein paar Tage trocknen lassen. Im Kühlschrank können die Körner bis zu 1 Jahr gelagert werden. Zum Reaktivieren wie gewohnt verfahren, es kann aber etwas dauern, bis sie sich erholt haben.

Ingwer-Birnen-Kefir

ERGIBT ETWA 1 LITER

Möglicherweise erscheint Ihnen die Menge an Birnen in Anbetracht der Kefir-Ausbeute ganz schön groß – und Sie haben Recht. Allerdings haben Birnen so ein zartes Aroma, dass man etwas mehr Früchte braucht, um ihren Geschmack herauszukitzeln. Ingwer ist der perfekte Partner, da er für würzige Unterstützung sorgt.

1 l Wasserkefir (Seite 61)
2 EL frisch gepresster Zitronensaft (von 1 Zitrone)
2 reife Birnen, mit Haut, entkernt und gewürfelt
2,5 cm Ingwerwurzel, geschält und gehackt

1 • Alle Zutaten in einem Einmachglas (2 l) vermischen (oder auf kleinere Einmachgläser verteilen). Ein Käsetuch oder Küchenpapier über die Öffnung legen und mit Gummiband befestigen. Das Glas bei Raumtemperatur vor direkter Sonneneinstrahlung geschützt 2 Tage stehen lassen. Abseihen und die Birnen und Ingwerstücke wegwerfen. Den aromatisierten Kefir in Flaschen füllen.

2 • Den abgefüllten Kefir bei Raumtemperatur vor direkter Sonneneinstrahlung geschützt stehen lassen, bis er mit Kohlensäure versetzt ist. Das dauert je nach Raumtemperatur meist 1–3 Tage. In den Kühlschrank stellen, um die Kohlensäurebildung zu stoppen, und innerhalb von 1 Monat aufbrauchen.

Kokoswasserkefir

ERGIBT ETWA 1 LITER

Kefirkörner sind ganz versessen auf Kokoswasser. Leider ist Kokoswasser für Kefirkörner in etwa so gesund wie für uns eine Eiscremediät. Damit die Körner gesund und munter bleiben, sollten Sie alle paar Runden wieder auf die Zucker-Wasser-Lösung umsteigen. So bekommen die Körner alle Nährstoffe, die sie benötigen.

1 l Kokoswasser
1 EL Wasserkefirkörner

1 • Das Kokoswasser in ein Einmachglas (1 l) gießen. Die Kefirkörner hinzufügen, ein paar Schichten Käsetuch oder Küchenpapier über die Öffnung legen und mit Gummiband befestigen. Das Glas bei Raumtemperatur vor direkter Sonneneinstrahlung geschützt lagern und 24–48 Stunden gären lassen. Der Kokoswasserkefir vergärt möglicherweise schneller als andere Kefirsorten, kontrollieren Sie ihn also nach den ersten 12 Stunden regelmäßig und gehen Sie zum nächsten Schritt über, wenn der Kefir nach Ihrem Geschmack ist. Überfermentierter Kokoswasserkefir nimmt einen sauren Geschmack an.

2 • Den Kokoswasserkefir in einen Messbecher abseihen und nach Belieben zum Aromatisieren mit Säften, Kräutern oder Früchten in Flaschen füllen. Mindestens 2,5 cm Abstand oben in jeder Flasche frei lassen.

3 • Den abgefüllten Kefir bei Raumtemperatur vor direkter Sonneneinstrahlung geschützt lagern, bis er mit Kohlensäure versetzt ist. Das dauert je nach Raumtemperatur meist 1–3 Tage. In den Kühlschrank stellen, um die Kohlensäurebildung zu stoppen, und innerhalb von 1 Monat aufbrauchen.

Himbeer-Kefir-Wein

ERGIBT 2 LITER
ANGESTREBTE AUSGANGSDICHTE = 1,045–1,050
ANGESTREBTE ZIELDICHTE = 1,000–1,001
ANGESTREBTE VOL.-% = 7 PROZENT

Wenn Sie auf der Suche nach einem alkoholischen Getränk sind, das zugleich einen gesundheitlichen Nutzen birgt, ist dieses Rezept genau das Richtige für Sie. Ja, Kefirkörner können tatsächlich zur Herstellung von Wein eingesetzt werden. Alles, was sie brauchen, ist genügend Zucker und Zeit,um diesen zu verwerten. Ganz zufällig ist dieser prickelnde Himbeer-Kefir-Wein auch eine ausgezeichnete Grundlage für Sangria. (Nähere Details zur Herstellung von Wein finden Sie in Kapitel 8, Seite 157.)

Dieses Rezept kann den Körnern ganz schön zusetzen, sodass sie sich mitunter nur schwer erholen. Probieren Sie es daher erst, wenn Ihre Wasserkefirkörner sich zu vermehren begonnen haben, und halten Sie ein paar Esslöffel Körner in Reserve.

ZUTATEN

2 l Wasser

225 g weißer Kristallzucker

675 g frische oder tiefgefrorene Himbeeren

60 ml frisch gepresster Zitronensaft (von 2 Zitronen)

¼ TL Tannin (nach Belieben, wenn es ein trockener Wein werden soll; siehe Brauereibedarf, Seite 15)

2 EL Wasserkefirkörner

200 g Sucralose oder anderer nicht vergärbarer Zucker (nach Belieben)

3 EL Traubenzucker aufgelöst in 125 ml kochend heißem Wasser und abgekühlt, zur Flaschenfüllung

ZUBEHÖR

Kochtopf

Messbecher und Löffel

Rührlöffel mit langem Griff

Käsetuch

Gärballon (5 l)

Spindel

Stopfen

Gärspund

Sieb

Weinheber und Gummizapfen

Abfüllschlauch

Schlauchklemme

Abfüllröhrchen

5 Bierflaschen (330 ml)

Kronkorken

1 • Das Wasser zum Kochen bringen. Den Topf vom Herd nehmen, den Zucker und die Himbeeren hinzufügen und den Zucker unter Rühren auflösen. Den Topf beiseitestellen und

Fortsetzung

HIMBEER-KEFIR-WEIN, FORTSETZUNG

warten, bis das Wasser ganz abgekühlt ist. Das dauert etwa 1–2 Stunden.

2 • Den Gärballon (5 l), den Stopfen und den Gärspund (siehe Seite 17) sterilisieren.

3 • Das Zuckerwasser und die Himbeeren in den Gärballon füllen. Zitronensaft und Tannin (nach Belieben) hinzufügen. Den Ballon schütteln, damit sich alles vermischt und die Flüssigkeit mit Sauerstoff angereichert wird. Mit einer Spindel die Ausgangsdichte (siehe Brau-Einmaleins, Seite 23) bestimmen. Die Kefirkörner in ein Stück Käsetuch einwickeln und in den Gärballon geben. Den Stopfen in den Hals des Gärballons setzen. Den Gärspund anfüllen und in den Stopfen setzen.

4 • Den Gärballon bei Raumtemperatur vor direkter Sonneneinstrahlung geschützt stehen und das Getränk 2 Wochen gären lassen. Den Ballon täglich vorsichtig schütteln, damit sich die Zutaten vermischen. Die Gärung sollte innerhalb von ein paar Tagen einsetzen, nach 1 Woche den Höhepunkt erreichen und in der zweiten Woche langsam schwächer werden.

5 • Nach 2 Wochen einen Kochtopf und ein Sieb sterilisieren und den Kefirwein in den Kochtopf abseihen. Den Gärballon, den Stopfen und den Gärspund säubern und sterilisieren. Den Kefirwein wieder in den Gärballon füllen und wieder den Stopfen und den Gärspund aufsetzen. Bei Raumtemperatur vor direkter Sonneneinstrahlung geschützt 2 Wochen stehen lassen, damit sich die bei der Gärung entstandenen Trübstoffe absetzen können. Die abgeseihten Kefirkörner in eine Wasserkefir-Vitallösung legen (Seite 71).

6 • Einen Kochtopf, einen Rührlöffel mit langem Griff, eine Spindel, einen Weinheber mit Gummizapfen, einen Abfüllschlauch, eine Schlauchklemme, ein Abfüllröhrchen, fünf Bier- oder Plastikflaschen (330 ml) und Kronkorken sterilisieren. 125 ml Kefirwein abziehen und mit der Spindel die Zieldichte bestimmen. Den Wein trinken oder wieder in den Gärballon gießen.

7 • Die Traubenzuckerlösung in den Kochtopf gießen. Den Kefirwein in den Kochtopf abziehen, um ihn mit der Traubenzuckerlösung zu vermischen. Darauf achten, dass so wenig wie möglich verschüttet wird. Etwas Wein mit dem Messbecher abschöpfen und verkosten. Sucralose (oder anderen Süßstoff zur Restzuckereinstellung, siehe Seite 77) hinzufügen, wenn der Wein süßer sein soll. Den Kefirwein in Flaschen abziehen, verkorken und mit Etiketten versehen.

8 • Die Flaschen bei Raumtemperatur vor direkter Sonneneinstrahlung geschützt 2 Wochen stehen lassen, bis die Gärung zum Ende gekommen ist. Bis zu 1 Jahr lagern. Vor dem Servieren kühl stellen.

WASSERKEFIR-VITALLÖSUNG

Dieses Rezept versorgt schwächelnde Kefirkörner mit einer Extradosis lebenswichtiger Nährstoffe, Mineralien und Vitamine. Durch Kühlstellen der Körner gönnen Sie ihnen eine Verschnaufpause von ihrer mühsamen Tätigkeit. Danach können die Körner wieder in alter Frische ans Werk gehen.

1,25 l Wasser
60 g Rohrohrzucker
1/8 TL grobes Meersalz
1/4 TL Backpulver
1/2 TL Melasse

1 • Das Wasser zum Kochen bringen. Den Topf vom Herd nehmen, 250 ml Wasser abschöpfen und beiseitestellen. Zucker, Meersalz, Backpulver und Melasse in das restliche Wasser geben und unter Rühren auflösen. Ganz auskühlen lassen.

2 • Die Kefirkörner von der aktuellen Kefir-Charge wie gewohnt abseihen. Im Sieb ein paar Mal mit dem beiseitegestellten Wasser abspülen. Die Körner und die Vitallösung in ein Einmachglas füllen, Plastikfolie über das Glas legen und mit Gummiband befestigen. Mindestens 1 Woche und bis zu 4 Wochen kühl stellen. (Gase können durch die Plastikfolie entweichen, während die Flüssigkeit geschützt bleibt.)

3 • Für ihren nächsten Einsatz die Körner abseihen und die Vitallösung wegschütten. Die Körner zum Reifen in frisches Zuckerwasser legen.

KAPITEL 4

Cider

EXPERTEN IM GESPRÄCH: JEFFREY HOUSE

Wie haben Sie Ihre Leidenschaft für die Herstellung von Cider entdeckt?

Ich kam in die USA, um kalifornischen Wein zu exportieren und britische Ales zu importieren. Eines Tages verschlug es mich nach Sebastopol und ich sah all die Apfelbäume. Diese Gegend war wie England mit Sonne! Wie ich feststellte, war das hier die Hochburg des Apfelanbaus. Ich nahm an, dass es an jeder Ecke eine Cider-Brauerei geben müsste, aber die Äpfel wurden nur für Apfelsaft oder Apfelmus angebaut. Niemand stellte Cider her! Da dachte ich mir: »Diese Gelegenheit darf man doch nicht verpassen.« Wir fanden jemanden, der für uns Cider herstellte, aber der schmeckte scheußlich. Also versuchten wir es selbst und der Rest ist Geschichte.

Was macht einen wirklich guten Cider aus?

Ausgewogenheit ist wichtig. Eine gewisse Süße, ein gewisses Aroma und ein schön frischer Abgang. Wir verwenden eine Vielfalt an Äpfeln: Gravensteiner im Juli und Red Rome und Jonathan im Herbst. Granny-Smith-Äpfel sorgen für Adstringenz, Fuji-Äpfel für Süße. Wir achten auf eine bestimmte Süße und Säure in den Früchten.

Was ist der heikelste Teil an der Cider-Herstellung?

Das Wichtigste sind die Äpfel. Wer keine guten Früchte hineinsteckt, wird auch keinen guten Cider herausbekommen. Wir verarbeiten möglichst große Mengen während der Saison und lagern die Äpfel an einem kalten Ort. Wir stellen jede Woche eine neue Charge her und legen praktisch nie eine Pause ein.

Woher nehmen Sie die Inspiration für neue Cider?

Wir probieren einfach neue Dinge aus. Im Moment haben wir ein paar Fässer traditionellen britischen Cider im Angebot. Ich habe auch unlängst gelesen, dass jemand Bierhefe für Cider verwendet. Ein interessante Gedanke, da meist die Hefe über den Geschmack des Ciders bestimmt. Als Nächstes möchten wir Cider aus Äpfeln der Sorte Cox Orange herstellen.

Irgendwelche Tipps und Tricks für Selbstbrauer?

Experimentieren Sie, um herauszufinden, was Ihnen zusagt. Meines Erachtens ist Cider aus der Hausbrauerei oft zu stark. Die Gärung wird nicht früh genug gestoppt, weil die Brauer einen knochentrockenen Cider wollen. Das Ergebnis ist ein sehr starker Cider.

Jeffrey House ist Besitzer von ACE Cider in Sebastopol, Kalifornien.

Grundrezept Cider

ERGIBT 4 L

Auch wenn frischer prickelnder Apfelcider eine feine Sache ist, warum sich nur mit einer Fruchtsorte begnügen? Meiner losen Definition nach ist ein Cider ein Braugetränk, das primär aus Fruchtsaft (anstatt aus ganzen Fruchtstücken) gewonnen wird und für gewöhnlich einen leichteren Körper und einen geringeren Alkoholgehalt als Wein hat. Egal welcher Fruchtsaft – Ihrem Einfallsreichtum sind keine Grenzen gesetzt.

Lassen Sie sich bei der Wahl der übrigen Zutaten von dem gewählten Fruchtsaft und Ihren geschmacklichen Vorlieben leiten. Die meisten Fruchtsäfte besitzen von Natur aus genug Zucker, von dem sich die Hefe ernähren kann. Wenn Sie einen höheren Alkoholgehalt erzielen möchten, können Sie mehr Zucker zugeben. In diesem Fall macht der Zucker den Cider nicht süßer; für einen süßen Cider müssen Sie vor der Flaschenfüllung den Restzucker einstellen (siehe Restzuckereinstellung, Seite 77).

Fügen Sie Säuremischung (siehe Seite 13) hinzu, um Früchte mit wenig natürlicher Säure auszugleichen. Dasselbe gilt für die Zugabe von Tannin. Gehen Sie dabei immer schrittweise vor und verkosten Sie das Ergebnis nach und nach, da Sie vor der endgültigen Abfüllung immer noch mehr zugeben können. Geben Sie abermals 0,45 g Kaliumdisulfit vor der Flaschenfüllung zu, um einen stillen Cider zu erzielen. Für kohlensäurehaltigen Cider lassen Sie die zweite Kaliumdisulfit-Gabe weg und fügen Sie bei der Flaschenfüllung etwas Traubenzucker hinzu.

Eins noch: Cider bildet bei der ersten Gärung meist ein übelriechendes Aroma, das sich nach einiger Zeit in der Flasche verflüchtigt. Warten Sie daher besser mindestens einen Monat mit der Verkostung.

ZUTATEN

4 l Fruchtsaft (100 Prozent Saft, ohne Zuckerzusatz und vorzugsweise nicht pasteurisiert)

225–450 g weißer Kristallzucker, Honig oder anderer vergärbarer Zucker (nach Belieben)

0,45–0,90 g Kaliumdisulfit

2 TL (1 Päckchen) Trockenhefe für Wein oder Bier, oder 1½ EL (½ Röhrchen) Flüssighefe für Cider oder Bier

1 TL Hefenährsalz

½ TL Pektinase

1–2 TL Säuremischung (nach Belieben; siehe Seite 13)

⅛–¼ TL Tannin (nach Belieben)

30 g Sucralose oder anderer nicht vergärbarer Zucker (nach Belieben; siehe Restzuckereinstellung, Seite 77)

3 EL Traubenzucker aufgelöst in 125 ml kochend heißem Wasser und abgekühlt (nach Belieben, zur Flaschenfüllung)

ZUBEHÖR

Kochtopf
Messbecher und Löffel
Rührlöffel mit langem Griff
Spindel
Gäreimer (8 l) mit Deckel
Gärspund
Einmachglas (1 l)
Gärballon (5 l)
Stopfen
Weinheber und Gummizapfen
Abfüllschlauch
Schlauchklemme
Abfüllröhrchen
11 Bierflaschen (330 ml) oder 7 Bierflaschen (500 ml)
Kronkorken
Kronkorken-Verschließer
Alternative Flaschenfüllung für Cider ohne Kohlensäure: 5 Weinflaschen (750 ml) mit Korken sowie ein Weinverkorker

1 • Einen Gäreimer (8 l), den Deckel, den Gärspund und einen Rührlöffel sterilisieren.

2 • Bei Zugabe von vergärbarem Zucker den Fruchtsaft in einem Kochtopf zum Köcheln bringen, den Topf vom Herd nehmen und den Zucker darin unter Rühren auflösen. Auf Raumtemperatur abkühlen lassen.

3 • Den Fruchtsaft in den Gäreimer füllen. Mit der Spindel die Ausgangsdichte bestimmen (siehe Brau-Einmaleins, Seite 23). 0,45 g Kaliumdisulfit in den Saft rühren. Den Deckel aufsetzen und den Gärspund anbringen. 24 Stunden warten, damit das Kaliumdisulfit den Saft sterilisieren kann. (Wenn Sie pasteurisierten Fruchtsaft verwenden, ist kein Sterilisieren notwendig.)

4 • Nachdem der Saft sterilisiert ist, den Hefestarter zubereiten. Einen Messbecher, ein Einmachglas (1 l) und einen Rührlöffel mit langem Griff sterilisieren. 250 ml Saft abschöpfen und in das Glas gießen. Die Hefe darüberstreuen, ein Stück Plastikfolie über die Glasöffnung legen und mit Gummiband befestigen. Das Glas gut schütteln und 1–3 Stunden stehen lassen. Bei Trockenhefe erfolgt eine starke Blasen- und Schaumbildung. Bei Flüssighefe ist die Schaumbildung schwächer, aber bei genauer Betrachtung sind aufsteigende Bläschen zu beobachten. Sobald sich erste Anzeichen einer Gärtätigkeit bemerkbar machen, ist der Hefestarter einsatzbereit. (Siehe Brau-Einmaleins, Seite 22.)

5 • Den Hefestarter gemeinsam mit dem Hefenährsalz und der Pektinase in den Saft gießen. Werden Säuremischung und Tannin eingesetzt, empfiehlt es sich, mit geringen Mengen zu beginnen. Bei Bedarf kann vor der Flaschenfüllung noch mehr hinzugefügt werden. Kräftig umrühren, um die Hefe zu verteilen und den Saft mit Sauerstoff anzureichern. Den Deckel wieder aufsetzen und den Gärspund wieder anbringen. Binnen 48 Stunden sollte sich die aktive Gärung anhand von Bläschen im Spund bemerkbar machen.

6 • Den Cider ungestört mindestens 3 Tage oder bis zu 7 Tage gären lassen, bis die Gärung nachlässt und sich die dabei entstandenen Trübstoffe absetzen konnten. Nun kann

Fortsetzung

GRUNDREZEPT CIDER, FORTSETZUNG

der Cider vom Bodensatz abgezogen und in einen kleineren Gärballon für die längere Nachgärung umgefüllt werden.

7 • Den Gärballon (5 l), den Stopfen, den Weinheber, den Gummizapfen, den Abfüllschlauch und die Schlauchklemme sterilisieren. Den gesamten Cider in den Gärballon abziehen. Den Gäreimer gegen Ende hin neigen, um die gesamte Flüssigkeit abzuziehen. Aufhören, sobald die Flüssigkeit im Abfüllschlauch durch den Bodensatz getrübt ist. (Siehe Brau-Einmaleins, Seite 24.)

8 • Den Gärballon mit dem Stopfen verschließen und den Gärspund anbringen. An einem kühlen dunklen Ort weitere 2 Wochen stehen lassen. Nun sollten keine wirklichen Anzeichen von Gärung mehr festzustellen sein. Den Gärspund beobachten: Wenn 2 Minuten lang keine Bläschen zu sehen sind, ist die Gärung im Wesentlichen abgeschlossen. Sollte sich ein Bläschen zeigen, noch ein paar Tage warten, bis keine Bläschen mehr erkennbar sind.

9 • Vor der Flaschenfüllung den Cider verkosten und nach Bedarf nachbessern. Sucralose (oder anderen Süßstoff zur Restzuckereinstellung, siehe Seite 77) hinzufügen, wenn der Cider süßer sein soll. Schmeckt er zu süß, extra Säuremischung für mehr Herbe und/oder etwas Tannin für Trockenheit und Adstringenz hinzufügen. Nach der Zugabe von Tannin den Cider noch 1–2 Wochen ruhen lassen, damit sich der Geschmack entwickeln kann, und vor der Flaschenfüllung erneut verkosten.

10 • Für Cider ohne Kohlensäure abermals 0,45 g Kaliumdisulfit in den Gärballon mit dem Cider geben und 24 Stunden mit der Flaschenfüllung warten.

11 • Für die Abfüllung einen Kochtopf, die Spindel, elf 330-ml- oder sieben 500-ml-Bierflaschen, Kronkorken, den Abfüllschlauch, den Weinheber, den Gummizapfen, einen Messbecher und das Abfüllröhrchen sterilisieren. 125 ml Cider abziehen und mit der Spindel die Zieldichte bestimmen. Den Cider trinken oder wieder in den Gärballon gießen.

12 • Für Cider ohne Kohlensäure den Cider in Flaschen abziehen, Flaschen verkorken und mit Etiketten versehen. Für Cider mit Kohlensäure die Traubenzuckerlösung in den Kochtopf gießen. Den Cider in den Kochtopf abziehen und mit der Traubenzuckerlösung vermischen. Darauf achten, dass so wenig wie möglich verschüttet wird. Den Cider in Flaschen abziehen, Flaschen verkorken und mit Etiketten versehen.

13 • Die Flaschen an einem dunklen kühlen Ort mindestens 1 Monat und bis zu 1 Jahr lagern. Cider mit Kohlensäure wird gekühlt serviert. Cider ohne Kohlensäure kann gekühlt oder bei Raumtemperatur serviert werden.

RESTZUCKEREINSTELLUNG: WANN, WARUM UND WIE

Bei Getränken mit geringem Alkoholgehalt stellt sich immer folgendes Problem: Die Hefe verwertet den ganzen Zucker, sodass das Getränk fade und gar nicht süß schmeckt. Durch die weitere Zugabe von Zucker wird die Gärung wieder in Gang gesetzt und Sie stehen vor demselben Problem, nur dass nun der Alkoholgehalt noch gestiegen ist. Wenn Sie Ihr Getränk nicht mit Kohlensäure versetzen möchten, können Sie die Hefe mit einer zweiten Gabe von 0,45 g Kaliumdisulfit abtöten und dann nach Belieben Zucker hinzufügen. Wenn Sie ein Getränk mit Kohlensäure möchten, können Sie Ihr Getränk nach der Gärung mit nicht vergärbarem Zucker süßen.

Die Hefe kann mit nicht vergärbaren Zuckersorten nichts anfangen, da deren chemische Strukturen für sie meist zu komplex sind, als dass sie sie verdauen könnte. Die gängigsten Süßstoffe in der Hobbybrauerei sind Laktose, Maltodextrin, Stevia, Sucralose und Aspartam. Die besten Erfolge bei der Restzuckereinstellung habe ich mit Sucralose erzielt, die mit minimalem Nachgeschmack süßt.

Die Restzuckereinstellung sollte erst kurz vor der Flaschenfüllung erfolgen. Die meisten Süßstoffe lösen sich durch kurzes Umrühren im Getränk auf, Sie können sie aber auch zuerst in heißem Wasser auflösen. Beginnen Sie mit dem unten angeführten Verhältnis, machen Sie eine Kostprobe und süßen Sie dann nach Bedarf nach.

» **LAKTOSE:** 90 g pro 4 l
Achtung bei Personen mit Laktoseintoleranz.

» **MALTODEXTRIN:** 30 g pro 4 l. Dieses Pulver verleiht Getränken auch eine sirupartige Konsistenz. Sparsam dosieren, sonst erhalten Sie Wackelpudding!

» **STEVIA-PULVER:** ½ TL pro 4 l

» **SUCRALOSE:** 8 g pro 4 l

» **ASPARTAM:** 8 g pro 4 l

Sie wollen lieber auf diese alternativen Süßstoffe verzichten?

» Das Getränk mit weißem Kristallzucker abschmecken und wie gehabt in Flaschen füllen, dabei aber auch eine Limoflasche aus Plastik als Indikator befüllen. Ist sie hart und gibt auf Druck nur ganz wenig nach, ist das Getränk fertig. Alle Flaschen sofort in den Kühlschrank stellen und innerhalb von wenigen Wochen aufbrauchen. Ungekühlte Flaschen können zu viel Kohlensäure bilden und bersten.

» Zucker zur Kohlensäurebildung in die Flasche geben, aber keinen weiteren Zucker oder Süßstoff zusetzen. Zum Servieren einen einfachen Sirup zubereiten: Wasser und Zucker zu gleichen Teilen aufkochen, bis sich der Zucker auflöst. Das Getränk in ein Trinkglas füllen und mit dem Sirup abschmecken.

Trockener Apfelcider

ERGIBT 4 L
ANGESTREBTE AUSGANGSDICHTE = 1,055–1,060
ANGESTREBTE ZIELDICHTE = 1,000–1,005
ANGESTREBTE VOL.-% = 7 PROZENT

Dieser Cider ist in dem Sinn trocken, als dass er nicht sehr süß schmeckt. Der gesamte natürliche Zucker im Apfelsaft wird von der Hefe verwertet. Zurück bleibt ein spritziger Cider mit einer erfrischenden Bittere. Die Ausgewogenheit dieser Geschmackseindrücke sowie die Süße hängen von den verwendeten Äpfeln ab. Wenn Sie Äpfel zum Selbstpressen kaufen, achten Sie auf eine Mischung aus verschiedenen Apfelsorten (etwa 7 kg Äpfel ergeben 4 l Saft). Wenn Sie fertigen Saft kaufen, achten Sie auf eine schöne Geschmackskomplexität. Wird der Cider für Ihren Geschmack etwas zu trocken, können Sie ihn kurz vor der Flaschenfüllung noch nachsüßen (siehe Restzuckereinstellung, Seite 77).

4 l Apfelsaft, vorzugsweise nicht pasteurisiert
0,45 g Kaliumdisulfit
1 TL Hefenährsalz
1 TL Säuremischung (siehe Seite 13)
½ TL Pektinase
¼ TL Tannin
1½ EL (½ Röhrchen) Flüssighefe für Cider
3 EL Traubenzucker aufgelöst in 125 ml kochend heißem Wasser und abgekühlt, zur Flaschenfüllung
30 g Sucralose oder anderer nicht vergärbarer Zucker (nach Belieben)

1 • Einen Gäreimer (81), den Deckel, den Gärspund und einen Rührlöffel sterilisieren.

2 • Den Apfelsaft in den Gäreimer gießen. Mit der Spindel die Ausgangsdichte bestimmen (siehe Brau-Einmaleins, Seite 23). Das Kaliumdisulfit in den Saft einrühren. Den Deckel aufsetzen und den Gärspund anbringen. 24 Stunden warten, sodass das Kaliumdisulfit den Saft sterilisieren kann. (Bei Verwendung von pasteurisiertem Saft kann dieser Schritt übersprungen werden.)

3 • Nachdem der Saft sterilisiert ist, den Hefestarter zubereiten. Einen Messbecher, ein Einmachglas (1 l) und einen Rührlöffel sterilisieren. 250 ml Saft abschöpfen und in das Einmachglas füllen. Die Hefe darübergießen, ein Stück Plastikfolie über die Glasöffnung legen und mit Gummiband befestigen. Das Glas gut schütteln und 1–3 Stunden stehen lassen. Es bildet sich Schaum und winzige Bläschen steigen auf. Sobald sich erste Anzeichen einer Gärtätigkeit bemerkbar machen, kann der Hefestarter zum Einsatz kommen.

Fortsetzung

TROCKENER APFELCIDER, FORTSETZUNG

4 • Den Hefestarter mit dem Hefenährsalz, der Säuremischung, der Pektinase und dem Tannin in den Saft gießen. Kräftig umrühren, damit sich die Hefe verteilt und der Saft mit Sauerstoff angereichert wird. Den Deckel wieder aufsetzen und den Gärspund wieder anbringen. Innerhalb von 48 Stunden sollte sich die aktive Gärung anhand von Bläschen im Gärspund bemerkbar machen.

5 • Den Cider ungestört mindestens 3 Tage und bis zu 7 Tage gären lassen, bis die Gärung nachlässt und sich die dabei entstandenen Trübstoffe absetzen konnten. Nun kann der Cider vom Bodensatz abgezogen und in einen kleineren Gärballon für die längere Nachgärung umgefüllt werden.

6 • Den Gärballon (5 l), den Stopfen, den Weinheber, den Gummizapfen, den Abfüllschlauch und die Schlauchklemme sterilisieren. Den gesamten Cider in den Gärballon abziehen. Den Gäreimer gegen Ende hin neigen, um die gesamte Flüssigkeit abzuziehen. Aufhören, sobald die Flüssigkeit im Abfüllschlauch durch den Bodensatz getrübt ist. Den Gärballon mit dem Stopfen verschließen und den Gärspund anbringen. An einem kühlen dunklen Ort weitere 2 Wochen stehen lassen.

7 • Zur Flaschenfüllung einen Kochtopf, die Spindel, elf 330-ml- oder sieben 500-ml-Bierflaschen, Kronkorken, den Abfüllschlauch, den Weinheber, den Gummizapfen, einen Messbecher und das Abfüllröhrchen sterilisieren. 125 ml Cider abziehen und mit der Spindel die Zieldichte bestimmen. Den Cider trinken oder wieder in den Gärballon gießen.

8 • Die Traubenzuckerlösung in den Kochtopf gießen. Den Cider in den Kochtopf abziehen und mit der Traubenzuckerlösung vermischen. Darauf achten, dass so wenig wie möglich verschüttet wird. Etwas Cider mit dem Messbecher abschöpfen und verkosten. Sucralose (oder anderen Süßstoff zur Restzuckereinstellung, siehe Seite 77) hinzufügen, wenn der Cider süßer sein soll. Den Cider in Flaschen abziehen, Flaschen verkorken und mit Etiketten versehen.

9 • Die Flaschen bei Raumtemperatur vor direkter Sonneneinstrahlung geschützt mindestens 1 Monat oder bis zu 1 Jahr lagern. Vor dem Servieren kühl stellen.

Gewürz-Cider

ERGIBT 4 L
ANGESTREBTE AUSGANGSDICHTE = 1,095–1,100
ANGESTREBTE ZIELDICHTE = 1,005–1,000
ANGESTREBTE VOL.-% = 14 PROZENT

Dieser Cider ist eigentlich eher ein Apfel-Met, in der Fachsprache auch »Melomel« genannt. Aber lassen Sie sich von der Bezeichnung nicht abschrecken. Der herbstliche Cider ist der himmlischste Cider mit Vanillenote und Gewürzaroma, den Sie je geschlürft haben. Ich empfehle Ihnen wärmstens, einen Vorrat davon für gemütliche Winternächte vor dem Kamin anzulegen.

4 l Apfelsaft, vorzugsweise nicht pasteurisiert
450 g Honig
1 Vanilleschote
3 Zimtstangen
2 Gewürznelken
2 Sternanisfrüchte
Schale von 1 Bio-Orange
0,90 g Kaliumdisulfit
1½ EL (½ Röhrchen) Flüssighefe für süßen Met
1 TL Hefenährsalz
½ TL Pektinase
1 TL Säuremischung (siehe Seite 13)
⅛ TL Tannin

1 • Einen Gäreimer (8 l), den Deckel, den Gärspund und einen Rührlöffel sterilisieren.

2 • Den Apfelsaft in den Eimer gießen. Den Honig in mehreren 30-Sekunden-Etappen in der Mikrowelle erwärmen, bis er flüssig ist. Etwas Saft in den Honig rühren, bis sich der Honig auflöst und flüssig ist, dann den gesamten Honig in den Saft einrühren. Weiterrühren, bis der Honig ganz aufgelöst ist. Die Vanilleschote längs aufschlitzen und das Mark herauskratzen. Das Mark und die Schote mit den Zimtstangen, den Gewürznelken, den Sternanisfrüchten und der Orangenschale zum Saft geben. Mit der Spindel die Ausgangsdichte bestimmen (siehe Brau-Einmaleins, Seite 23).

3 • 0,45 g Kaliumdisulfit in den Saft einrühren. Den Deckel aufsetzen und den Gärspund anbringen. 24 Stunden warten, sodass das Kaliumdisulfit den Saft sterilisieren kann. (Bei Verwendung von pasteurisiertem Saft kann dieser Schritt übersprungen werden.)

4 • Nachdem der Saft sterilisiert ist, den Hefestarter zubereiten. Einen Messbecher, ein Einmachglas (1 l) und einen Rührlöffel sterilisieren. 250 ml Saft abschöpfen und in das Glas gießen. Die Hefe in das Glas gießen, ein Stück Plastikfolie über die Glasöffnung legen und mit Gummiband befestigen. Das Glas gut schütteln und 1–3 Stunden stehen lassen. Es sollte sich Schaum bilden und winzige Bläschen steigen auf. Sobald sich erste Anzeichen einer Gärtätigkeit bemerkbar machen, kann der Hefestarter zum Einsatz kommen.

Fortsetzung

GEWÜRZ-CIDER, FORTSETZUNG

5 • Den Hefestarter mit dem Hefenährsalz, der Pektinase, der Säuremischung und dem Tannin in den Saft gießen. Kräftig umrühren, damit sich die Hefe verteilt und der Saft mit Sauerstoff angereichert wird. Den Deckel wieder aufsetzen und den Gärspund wieder anbringen. Innerhalb von 48 Stunden sollte sich die aktive Gärung anhand von Bläschen im Gärspund bemerkbar machen.

6 • Den Cider mindestens 3 Tage oder bis zu 7 Tage gären lassen, bis die Gärung nachlässt und sich die dabei entstandenen Trübstoffe absetzen konnten. Nun kann der Cider vom Bodensatz abgezogen und in einen kleineren Gärballon für die längere Nachgärung umgefüllt werden.

7 • Den Gärballon (5 l), den Stopfen, den Weinheber, den Gummizapfen, den Abfüllschlauch und die Schlauchklemme sterilisieren. Den gesamten Cider in den Gärballon abziehen, die Gewürze im Eimer lassen. Den Gäreimer gegen Ende hin neigen, um die gesamte Flüssigkeit abzuziehen. Aufhören, sobald die Flüssigkeit im Abfüllschlauch durch den Bodensatz getrübt ist. Den Gärballon mit dem Stopfen verschließen und den Gärspund anbringen. An einem kühlen dunklen Ort mindestens 2 Wochen stehen lassen.

8 • Der Cider kann bis zu 6 Monate reifen. Es empfiehlt sich, während dieser Zeit den Cider hin und wieder vom Bodensatz abzuziehen: Den Cider in einen sterilen Kochtopf abziehen, den Gärballon reinigen und sterilisieren, und den Cider wieder in den Gärballon abziehen. Dies bietet auch eine gute Gelegenheit, den Cider zu verkosten. Schmeckt er etwas süß, können Sie extra Säuremischung für mehr Herbe und/oder etwas Tannin für Trockenheit und Adstringenz hinzufügen. Mit einer kleinen Menge beginnen, nach 1–2 Wochen eine Kostprobe machen und bei Bedarf nachbessern. Der Cider kann abgefüllt werden, sobald er nach Ihrem Geschmack ist.

9 • Wenn der Cider bereit zur Abfüllung ist, den Cider in einen sterilen Kochtopf abziehen und abermals 0,45 g Kaliumdisulfit in den Cider einrühren. Den Gärballon reinigen und sterilisieren. Den Cider wieder in den Gärballon abziehen. Mindestens 24 Stunden mit der Flaschenfüllung warten.

10 • Zur Flaschenfüllung die Spindel, elf 330-ml- oder sieben 500-ml-Flaschen (oder fünf 750-ml-Weinflaschen), die Kronkorken (oder Korken), den Abfüllschlauch, den Weinheber, den Gummizapfen und das Abfüllröhrchen sterilisieren. 125 ml Cider abziehen und mit der Spindel die Zieldichte bestimmen. Den Cider trinken oder wieder in den Gärballon gießen. Den Cider in die Flaschen abziehen, Flaschen mit Kornkorken (oder Korken) verschließen und mit Etiketten versehen.

11 • Die Flaschen an einem dunklen kühlen Ort 1 Monat oder bis zu 1 Jahr einlagern. Bei Raumtemperatur servieren.

Birnen-Cider

ERGIBT 4 L
ANGESTREBTE AUSGANGSDICHTE = 1,060–1,065
ANGESTREBTE ZIELDICHTE = 1,005–1,010
ANGESTREBTE VOL.-% = 7 PROZENT

Birnen-Cider ist so etwas wie der artigere kleine Cousin des Apfel-Ciders. Generell finde ich, dass Birnen-Cider nach der Gärung süßer und weniger trocken als Apfel-Cider schmeckt. Die Zugabe von Apfelsaft verhindert sogar, dass er allzu süß ist! Wenn Sie frische Birnen in rauen Mengen und einen Entsafter zur Verfügung haben, sollten Sie den Birnensaft unbedingt selbst zubereiten. Für 3 l Saft benötigen Sie etwa 5 kg ganze Birnen.

3 l Birnensaft, vorzugsweise nicht pasteurisiert
1 l Apfelsaft, vorzugsweise nicht pasteurisiert
0,45 g Kaliumdisulfit
1 TL Hefenährsalz
1 TL Säuremischung (siehe Seite 13)
½ TL Pektinase
¼ TL Tannin
2 TL (1 Päckchen) Trockenhefe für Weißwein
3 EL Traubenzucker aufgelöst in 125 ml kochend heißem Wasser und abgekühlt, zur Flaschenfüllung
30 g Sucralose oder anderer nicht vergärbarer Zucker (nach Belieben; siehe Restzuckereinstellung, Seite 77)

1 • Einen Gäreimer (8 l), den Deckel, den Gärspund und den Rührlöffel sterilisieren.

2 • Den Birnensaft und den Apfelsaft im Gäreimer (8 l) vermischen. Mit der Spindel die Ausgangsdichte bestimmen (siehe Brau-Einmaleins, Seite 23). Das Kaliumdisulfit in den Saft einrühren. Den Deckel aufsetzen und den Gärspund anbringen. 24 Stunden warten, sodass das Kaliumdisulfit den Saft sterilisieren kann. (Bei der Verwendung von pasteurisiertem Saft kann dieser Schritt übersprungen werden.)

3 • Nachdem der Saft sterilisiert ist, den Hefestarter zubereiten. Einen Messbecher, ein Einmachglas (1 l) und einen Rührlöffel sterilisieren. 250 ml Saft abschöpfen und in das Glas gießen. Die Hefe darüberstreuen, ein Stück Plastikfolie über die Glasöffnung legen und mit Gummiband befestigen. Das Glas gut schütteln und 1–3 Stunden stehen lassen. Es sollte sich Schaum bilden, und winzige Bläschen steigen auf. Sobald sich erste Anzeichen einer Gärtätigkeit bemerkbar machen, kann der Hefestarter zum Einsatz kommen.

4 • Den Hefestarter mit dem Hefenährsalz, der Säuremischung, der Pektinase und dem Tannin in den Saft gießen. Kräftig umrühren, damit sich die Hefe verteilt und der Saft mit Sauerstoff angereichert wird. Den Deckel wieder aufsetzen und den Gärspund wieder anbringen. Innerhalb von 48 Stunden sollte sich die aktive Gärung anhand von Bläschen im Gärspund bemerkbar machen.

Fortsetzung

BIRNEN-CIDER, FORTSETZUNG

5 • Den Cider ungestört mindestens 3 Tage und bis zu 7 Tage gären lassen, bis die Gärung nachlässt und sich die dabei entstandenen Trübstoffe absetzen konnten. Nun kann der Cider vom Bodensatz abgezogen und in einen kleineren Gärballon für die längere Nachgärung umgefüllt werden.

6 • Den Gärballon (51), den Stopfen, den Weinheber, den Gummizapfen, den Abfüllschlauch und die Schlauchklemme sterilisieren. Den gesamten Cider in den Gärballon abziehen. Den Gäreimer gegen Ende hin neigen, um die gesamte Flüssigkeit abzuziehen. Aufhören, sobald die Flüssigkeit im Abfüllschlauch durch den Bodensatz getrübt ist. Den Gärballon mit dem Stopfen verschließen und den Gärspund anbringen. An einem kühlen dunklen Ort 2 Wochen stehen lassen.

7 • Zur Flaschenfüllung einen Kochtopf, die Spindel, elf 330-ml- oder sieben 500-ml-Bierflaschen, Kronkorken, den Abfüllschlauch, den Weinheber, den Gummizapfen, einen Messbecher und das Abfüllröhrchen sterilisieren. 125 ml Cider abziehen und mit der Spindel die Zieldichte bestimmen. Den Cider trinken oder wieder in den Gärballon gießen.

8 • Die Traubenzuckerlösung in den Kochtopf gießen. Den Cider in den Kochtopf abziehen und mit der Traubenzuckerlösung vermischen. Darauf achten, dass so wenig wie möglich verschüttet wird. Etwas Cider mit dem Messbecher abschöpfen und verkosten. Sucralose (oder anderen Süßstoff zur Restzuckereinstellung, siehe Seite 77) zugeben, wenn der Cider süßer sein soll. Den Cider in Flaschen abziehen, Flaschen verkorken und mit Etiketten versehen.

9 • Die Flaschen bei Raumtemperatur vor direkter Sonneneinstrahlung geschützt mindestens 1 Monat stehen lassen oder bis zu 1 Jahr einlagern. Vor dem Servieren kühl stellen.

Alkoholische Zitronenlimo

ERGIBT 4 L
ANGESTREBTE AUSGANGSDICHTE = 1,040–1,045
ANGESTREBTE ZIELDICHTE = 1,005–1,010
ANGESTREBTE VOL.-% = 4 PROZENT

Hefe fühlt sich in saurem Milieu ganz und gar nicht wohl. Etwas Säure – kein Problem, aber ein großer Gärballon Zitronensaft? Keine gute Idee. Daher müssen wir bei der Zubereitung von alkoholischer Zitronenlimo behutsam vorgehen. Durch die schrittweise Zugabe von Wasser, Zucker und Zitronensaft kann sich die Hefe in aller Ruhe an die Säure gewöhnen.

ZUTATEN INSGESAMT

3,25 l Wasser
200 g weißer Kristallzucker
2 TL (1 Päckchen) Champagner-Trockenhefe
1 TL Hefenährsalz
750 ml frisch gepresster Zitronensaft (aus 18–24 Zitronen)
3 EL Traubenzucker, zur Flaschenfüllung
30 g Sucralose oder anderer nicht vergärbarer Zucker (siehe Seite 77)

TAG 1 MORGEN

250 ml Wasser
4 EL weißer Kristallzucker
2 TL (1 Päckchen) Champagner-Trockenhefe

1 • Ein Einmachglas (2 l) und einen Löffel sterilisieren.

2 • Das Wasser zum Kochen bringen. Den Topf vom Herd nehmen, den Zucker darin unter Rühren auflösen und auf Raumtemperatur abkühlen lassen. Das Zuckerwasser in das Einmachglas füllen, die Hefe darüberstreuen, ein Stück Plastikfolie über die Glasöffnung legen und mit Gummiband befestigen. Das Glas gut schütteln und 12 Stunden stehen lassen. Bis zum Abend sollten sich in der Flüssigkeit jede Menge Schaum und Bläschen gebildet haben.

TAG 1 ABEND

500 ml Wasser
2 EL weißer Kristallzucker
1 TL Hefenährsalz
125 ml frisch gepresster Zitronensaft (von 3–4 Zitronen)

Fortsetzung

ALKOHOLISCHE ZITRONENLIMO, FORTSETZUNG

3 • Das Wasser zum Kochen bringen. Den Topf vom Herd nehmen und den Zucker und das Hefenährsalz unter Rühren darin auflösen. Auf Raumtemperatur abkühlen lassen.

4 • Das Zuckerwasser und den Zitronensaft in das Hefe-Gemisch gießen. Mit einem sterilen Löffel kräftig umrühren, ein Stück Plastikfolie darüber legen und mit Gummiband befestigen.

TAG 2 MORGEN

500 ml Wasser
2 EL weißer Kristallzucker
125 ml frisch gepresster Zitronensaft (von 3–4 Zitronen)

5 • Einen Gärballon (5 l), einen Stopfen, einen Gärspund, einen Trichter und einen Messbecher sterilisieren.

6 • Das Wasser zum Kochen bringen. Den Topf vom Herd nehmen und den Zucker darin unter Rühren auflösen. Auf Raumtemperatur abkühlen lassen.

7 • Das Zuckerwasser, den Zitronensaft und das Gemisch von Tag 1 (Zuckerwasser, Zitronensaft und Hefestarter) in den Gärballon (5 l) gießen. Die Öffnung des Gärballons abdecken und kräftig schütteln. Den Stopfen und den Gärspund anbringen. Den Gärballon bei Raumtemperatur vor direkter Sonneneinstrahlung geschützt stehen lassen.

TAG 2 ABEND

500 ml Wasser
2 EL weißer Kristallzucker
125 ml frisch gepresster Zitronensaft (von 3–4 Zitronen)

8 • Das Wasser zum Kochen bringen. Den Topf vom Herd nehmen und den Zucker darin unter Rühren auflösen. Auf Raumtemperatur abkühlen lassen.

9 • Dieses Zuckerwasser und den Zitronensaft in den Gärballon gießen. Die Öffnung des Glases abdecken und kräftig schütteln. Den Stopfen und den Gärspund anbringen. Den Gärballon bei Raumtemperatur vor direkter Sonneneinstrahlung geschützt stehen lassen.

TAG 3 MORGEN

500 ml Wasser
2 EL weißer Kristallzucker
125 ml frisch gepresster Zitronensaft (von 3–4 Zitronen)

10 • Das Wasser zum Kochen bringen. Den Topf vom Herd nehmen und den Zucker darin unter Rühren auflösen. Auf Raumtemperatur abkühlen lassen.

11 • Dieses Zuckerwasser und den Zitronensaft in den Gärballon gießen. Die Öffnung des Glases abdecken und kräftig schütteln. Den Stopfen und den Gärspund anbringen. Den Gärballon bei Raumtemperatur vor direkter Sonneneinstrahlung geschützt stehen lassen.

TAG 3 ABEND

500 ml Wasser

2 EL weißer Kristallzucker

125 ml frisch gepresster Zitronensaft (von 3–4 Zitronen)

12 • Das Wasser zum Kochen bringen. Den Topf vom Herd nehmen und den Zucker darin unter Rühren auflösen. Auf Raumtemperatur abkühlen lassen.

13 • Dieses Zuckerwasser und den Zitronensaft in den Gärballon gießen. Die Öffnung des Glases abdecken und kräftig schütteln. Den Stopfen und den Gärspund anbringen. Den Gärballon bei Raumtemperatur vor direkter Sonneneinstrahlung geschützt stehen lassen.

TAG 4 MORGEN

500 ml Wasser

2 EL weißer Kristallzucker

125 ml frisch gepresster Zitronensaft (von 3–4 Zitronen)

14 • Das Wasser zum Kochen bringen. Den Topf vom Herd nehmen und den Zucker darin unter Rühren auflösen. Auf Raumtemperatur abkühlen lassen.

15 • Dieses Zuckerwasser und den Zitronensaft in den Gärballon gießen. Die Öffnung des Glases abdecken und kräftig schütteln. Den Stopfen und den Gärspund anbringen. Den Gärballon bei Raumtemperatur vor direkter Sonneneinstrahlung geschützt stehen lassen.

16 • Nun wurden alle Zutaten hinzugefügt. Mit der Spindel die Ausgangsdichte bestimmen (siehe Brau-Einmaleins, Seite 23). Da die Gärung bereits begonnen hat, handelt es sich nur um einen Näherungswert. Die Limonade ungestört eine Woche weitergären lassen.

TAG 11

125 ml Wasser, zur Flaschenfüllung

3 EL Traubenzucker, zur Flaschenfüllung

30 g Sucralose oder anderer nicht vergärbarer Zucker (siehe Seite 77)

17 • Zur Flaschenfüllung einen Kochtopf, die Spindel, elf 330-ml- oder sieben 500-ml-Bierflaschen, Kronkorken, den Abfüllschlauch, den Weinheber, den Gummizapfen, einen Messbecher und das Abfüllröhrchen sterilisieren. 125 ml Limonade abziehen und mit der Spindel die Zieldichte bestimmen. Die Limonade trinken oder wieder in den Gärballon gießen.

18 • Das Wasser zum Kochen bringen. Den Traubenzucker und Sucralose zugeben und unter Rühren auflösen. Auf Raumtemperatur abkühlen lassen und dann in den Kochtopf gießen. Die Limonade in den Kochtopf abziehen und mit der Traubenzuckerlösung vermischen. Darauf achten, dass so wenig wie möglich verschüttet wird. Etwas Limonade mit dem Messbecher abschöpfen und verkosten. Mehr Sucralose (oder anderen Süßstoff zur Restzuckereinstellung, siehe Seite 77) zugeben, wenn die Limonade süßer sein soll. Die Limonade in Flaschen abziehen, verkorken und mit Etiketten versehen.

19 • Die Flaschen bei Raumtemperatur vor direkter Sonneneinstrahlung geschützt mindestens 1 Monat stehen lassen oder bis zu 1 Jahr lagern. Vor dem Servieren kühl stellen.

Ananas-Cider

ERGIBT 4 L
ANGESTREBTE AUSGANGSDICHTE = 1,040–1,045
ANGESTREBTE ZIELDICHTE = 1,005–1,010
ANGESTREBTE VOL.-% = 4,5 PROZENT

Dieses traditionelle Braugetränk aus Mexiko, auch als *Tepache* bekannt, wird aus Ananasschale zubereitet und in einem offenen Behälter mit irgendwelchen Wildhefen, die gerade zugegen sind, vergoren. Für mein eigenes Rezept beschloss ich, aufs Ganze zu gehen und die komplette Ananas zu verarbeiten. Ich habe auf eine Wildhefe-Gärung verzichtet, aber wenn Sie die Abenteuerlust überkommt, können Sie es gern probieren. Soll das Getränk süßer sein, geben Sie kurz vor der Flaschenfüllung weiteren Süßstoff zu (siehe Restzuckereinstellung, Seite 77).

1 sehr reife Ananas
3,5 l Wasser
250 g Rohrohrzucker
1 Zimtstange
2 Gewürznelken
0,45 g Kaliumdisulfit
1½ EL (½ Röhrchen) Flüssighefe Belgian Ale
1 TL Hefenährsalz
1 TL Säuremischung (siehe Seite 13)
½ TL Pektinase
30 g Sucralose oder anderer nicht vergärbarer Zucker (nach Belieben; siehe Seite 77)
3 EL Traubenzucker aufgelöst in 125 ml kochend heißem Wasser und abgekühlt, zur Flaschenfüllung

1 • Einen Gäreimer (8 l), den Deckel, den Gärspund und den Rührlöffel sterilisieren.

2 • Die Ananas gut abbürsten. Strunk und Blütenansatz abschneiden und wegwerfen. Die restliche Ananas mit Schale in mundgerechte Stücke schneiden.

3 • Das Wasser zum Kochen bringen. Den Kochtopf vom Herd nehmen, den Rohrohrzucker zugeben und unter Rühren auflösen. Den Topf beiseitestellen und warten, bis das Wasser ganz abgekühlt ist. Das dauert etwa 1–2 Stunden.

4 • Das Zuckerwasser, die Zimtstange, die Gewürznelken und die Ananas im Gäreimer (8 l) vermischen. Mit der Spindel die Ausgangsdichte bestimmen (siehe Brau-Einmaleins, Seite 23). Das Kaliumdisulfit einrühren. Den Deckel aufsetzen und den Gärspund

anbringen. 24 Stunden warten, damit das Kaliumdisulfit das Ananaswasser sterilisieren kann.

5 • Nachdem das Ananaswasser sterilisiert ist, den Hefestarter zubereiten. Einen Messbecher, ein Einmachglas (1 l) und einen Rührlöffel sterilisieren. 250 ml Ananaswasser abschöpfen und in das Glas gießen. Die Hefe darübergießen, ein Stück Plastikfolie über die Glasöffnung legen und mit Gummiband befestigen. Das Glas gut schütteln und 1–3 Stunden stehen lassen. Es sollte sich Schaum bilden und winzige Bläschen steigen auf. Sobald sich erste Anzeichen einer Gärtätigkeit bemerkbar machen, kann der Hefestarter zum Einsatz kommen.

6 • Den Hefestarter mit dem Hefenährsalz, der Säuremischung und der Pektinase in das Ananaswasser gießen. Kräftig umrühren, damit die Hefe verteilt und das Wasser mit Sauerstoff angereichert wird. Den Deckel wieder aufsetzen und den Gärspund wieder anbringen. Innerhalb von 48 Stunden sollte sich die aktive Gärung anhand von Bläschen im Gärspund bemerkbar machen.

7 • Den Ananas-Cider ungestört mindestens 3 Tage oder bis zu 7 Tage gären lassen, bis die Gärung nachlässt und sich die dabei entstandenen Trübstoffe absetzen konnten. Nun kann der Cider vom Bodensatz abgezogen und in einen kleineren Gärballon für die längere Nachgärung umgefüllt werden.

8 • Den Gärballon (5 l), den Stopfen, den Weinheber, den Gummizapfen, den Abfüllschlauch und die Schlauchklemme sterilisieren. Den gesamten Cider in den Gärballon abziehen. Den Gäreimer gegen Ende hin neigen, um die gesamte Flüssigkeit abzuziehen. Aufhören, sobald die Flüssigkeit im Abfüllschlauch durch den Bodensatz getrübt ist. Den Stopfen und den Gärspund anbringen. Den Gärballon an einem kühlen dunklen Ort 2 Wochen stehen lassen.

9 • Zur Flaschenfüllung einen Kochtopf, die Spindel, elf 330-ml- oder sieben 500-ml-Bierflaschen, Kronkorken, den Abfüllschlauch, den Weinheber, den Gummizapfen, einen Messbecher und das Abfüllröhrchen sterilisieren. 125 ml Cider abziehen und mit der Spindel die Zieldichte bestimmen. Den Cider trinken oder wieder in den Gärballon gießen.

10 • Die Traubenzuckerlösung in den Kochtopf gießen. Den Cider in den Kochtopf abziehen und mit der Traubenzuckerlösung vermischen. Darauf achten, dass so wenig wie möglich verschüttet wird. Etwas Cider mit dem Messbecher abschöpfen und verkosten. Sucralose (oder anderen Süßstoff zur Restzuckereinstellung, siehe Seite 77) zugeben, wenn der Cider süßer sein soll. Den Cider in Flaschen abziehen, Flaschen verkorken und mit Etiketten versehen.

11 • Die Flaschen bei Raumtemperatur vor direkter Sonneneinstrahlung geschützt mindestens 1 Monat stehen lassen oder bis zu 1 Jahr lagern. Vor dem Servieren kühl stellen.

KAPITEL 5

Bier

EXPERTEN IM GESPRÄCH: DANN PAQUETTE

Wie haben Sie Ihre Leidenschaft fürs Bierbrauen entdeckt?

Als ich das erste Mal zu Hause Bier braute, wurde mir sofort klar, dass ich professioneller Bierbrauer werden wollte. Das ging sogar soweit, dass ich nicht einmal mehr wusste, ob ich jemals wieder zu Hause brauen würde, da ich das unbedingt in einer Brauerei machen wollte. Das war vor etwa 20 Jahren.

Was ist der heikelste Teil am Bierbrauen?

Verklumpte Maische. Überkochen. Alles im Auge zu behalten. Für mich ist das Brauen ein Ein-Mann-Job. Wenn ich abgelenkt werde, besteht die Gefahr, dass ich irgendetwas tue, das das Bier ruiniert oder mich sogar in Gefahr bringt. Ich bin von jeder Menge kochender Würze umgeben. Beim Brauen möchte ich meine Ruhe haben und bin am liebsten ganz allein für mich. Ich arbeite langsam und besonnen.

Was sind Ihre Inspirationsquellen?

Mein erstes Bier trank ich in den späten 1980ern, als es noch keinen speziellen Biermarkt gab. Die Biere stammten aus Europa. Sie wurden noch nach demselben alten Verfahren wie 50 oder 100 Jahre zuvor hergestellt. Diese Geschmacksnoten faszinierten mich. Ich konnte mir nicht erklären, wie die das hinbekamen. Unsere Biere haben noch diesen Hauch von Nostalgie. Ich versuche, Geschmacksnoten zu erzeugen, die wie aus einer anderen Welt anmuten.

Wie entsteht ein neues Bier?

Zu 75 Prozent können wir vorhersagen, wie ein Bier schmecken wird. Wir kennen die Grundzutaten, wir wissen, welches Bild wir erzeugen möchten. Die Gärung bringt jedoch oft unerwartete Veränderungen mit sich, also verkosten wir das Bier während der Herstellung so oft wie möglich und nehmen entsprechende Anpassungen vor.

Irgendwelche Tipps und Tricks für Selbstbrauer?

Das Thema Sauberkeit ist ein Klassiker. Ich gehe einmal von aus, dass es jeder Heimbrauer wirklich genau mit der Sauberkeit nimmt und alles sterilisiert. Dann heißt es darauf achten, genug Hefe hinzuzugeben und die Würze mit genug Sauerstoff anzureichern. Die meisten Probleme, die bei selbstgebrautem Bier auftreten, haben mit der Gärung zu tun. Die Zugabe einer ausreichenden Hefemenge und das Umrühren der Würze, um sie mit Sauerstoff zu versetzen, schaffen Abhilfe.

Dann Paquette ist Besitzer und Braumeister von Pretty Things Beer and Ale Project in Somerville, Massachusetts.

Grundrezept Bier

ERGIBT 4 L

Bier ist nichts anderes als gemälztes Getreide, das in Wasser eingeweicht, mit Hopfen aromatisiert und mit Hefe vergoren wird. Dennoch ist das Bierbrauen eines der anspruchsvolleren Unterfangen in diesem Buch. Lassen Sie sich jedoch nicht davon abschrecken, sondern sehen Sie es eher als Ansporn! Wenn Sie Bier brauen können, können Sie jedes Getränk brauen.

Bei der Erstellung Ihres eigenen Bierrezeptes gilt es, einige Dinge zu berücksichtigen. Ein Mehr an Basismalzen bedeutet generell mehr malzige Süße und mehr Alkohol. Eine größere Menge an Aroma- und Spezialmalzen intensiviert den Geschmack dieser Malze im Bier. Dasselbe gilt für eine größere Hopfenmenge, wobei speziell beim Hopfen nicht immer »je mehr, desto besser« gilt. Zu viel von einem Hopfen mit hohem Alphasäuregehalt und Ihr Bier wird bitter (siehe Hopfen, Seite 97). Bedenken Sie, wie die Aromen der Zutaten miteinander harmonieren und ziehen Sie andere Bierrezepte als Anhaltspunkt zurate. Wenn Sie Brau-Neuling sind, versuchen Sie sich zunächst an ein paar der folgenden Rezepte, um ein Gespür für das Bierbrauen zu bekommen. Die Erstellung eines eigenen Bierrezepts ist mitunter recht knifflig. Daher gilt: ein Schritt nach dem anderen.

BRAUERSPRACHE

WÜRZEKOCHEN UND HOPFENGABE: Die Zeitspanne von etwa 60 Minuten, in der die Würze gekocht und der Hopfen in verschiedenen Stadien je nach angestrebter Bittere, Geschmack und Aroma zugegeben wird.

ZUCKER FÜR DIE FLASCHENFÜLLUNG: Der Zucker, der kurz vor der Flaschenfüllung hinzugefügt wird, um Bier und andere Braugetränke mit Kohlensäure zu versetzen. Für diesen Zweck eignet sich jeder Zucker, wobei sich Traubenzucker besonders gut ohne jeglichen Nachgeschmack auflöst.

DURCHBRUCH: Das Stadium, in dem der Schaum bei der Würzekochung zusammenfällt. Achten Sie darauf, dass die Würze nicht überkocht. Die Würze umrühren oder die Hitze nach Bedarf anpassen.

MAISCHEN: Einweichen von Getreide in heißem Wasser, um ihm Zucker zu entziehen. Die Mischung aus Getreide und heißem Wasser heißt »Maische«.

ANSTELLEN: Das Hinzufügen der Hefe zur abgekühlten Würze.

ANSCHWÄNZEN: Das Abspülen des gemaischten Getreides, um die Zucker vom Getreide zu waschen und die Würze zu filtern.

WÜRZE: Die Flüssigkeit, die nach Einweichen des Getreides gesammelt wird.

HEFESTARTER

2–4 EL Trockenmalzextrakt

250 ml kochend heißes Wasser

1½ EL (½ Röhrchen) Ale-Hefe, flüssig, oder 2 TL (1 Päckchen) Ale-Hefe, trocken

ZUTATEN

8 l Wasser

900–1350 g Basismalze, geschrotet

120–480 g Aromamalze, geschrotet

120–240 g Spezialmalze, geschrotet

1–2½ EL Hopfen (Bitterung)

½–1½ EL Hopfen (Geschmack)

½–1½ EL Hopfen (Aroma)

⅛ TL getrocknetes Irisch Moos (nach Belieben, zum Klären)

3 EL Traubenzucker aufgelöst in 125 ml kochend heißem Wasser und abgekühlt, zur Flaschenfüllung

GESCHMACKSZUSÄTZE

450–900 g frische oder tiefgefrorene Früchte

60–120 g Schokoraspeln oder gemahlener Kaffee

1–4 EL ganze Kräuter oder Gewürze

ZUBEHÖR

Einmachglas (500 ml)

Kochtopf

Messbecher und Löffel

Rührlöffel mit langem Griff

Digitalthermometer

Ofenthermometer (nach Belieben)

Großes feinmaschiges Sieb

Zweiter Kochtopf (nach Belieben)

1 Beutel mit Eis (3 kg) (nach Belieben)

Saft- oder Käsetuch

Spindel

Gäreimer (8 l) mit Deckel

Gärspund

Gärballon (5 l)

Stopfen

Weinheber und Gummizapfen

Abfüllschlauch

Schlauchklemme

Abfüllröhrchen

Kronkorken

Kronkorken-Verschließer

11 Bierflaschen (330 ml) oder 7 Bierflaschen (500 ml)

1 • Den Hefestarter 6–12 Stunden vor dem Brauen zubereiten. Ein Einmachglas (500 ml) und einen Löffel sterilisieren. 2 EL Malzextrakt in 250 ml kochend heißem Wasser unter Rühren auflösen und im Glas auf Raumtemperatur abkühlen lassen. (Für ein Bier mit geplanten 8 Vol.-% oder höher 4 EL Trockenmalzextrakt verwenden.) Die Hefe hinzufügen, ein Stück Plastikfolie über die Glasöffnung legen und mit Gummiband befestigen. Das Glas gut schütteln und bis zum Gebrauch stehen lassen. Der Hefestarter sollte Schaum bilden und winzige Bläschen steigen auf. (Siehe Brau-Einmaleins, Seite 22.)

Fortsetzung

GRUNDREZEPT BIER, FORTSETZUNG

2 • Zum Maischen des Getreides 4 l Wasser in einem großen Kochtopf bei starker Hitze auf 71 °C erhitzen. Währenddessen den Ofen auf 66–68 °C vorheizen. Wenn der Ofen keine so niedrige Stufe hat oder kein Ofenthermometer zur Hand ist, den Ofen einfach etwa 5 Minuten auf der niedrigsten Stufe erwärmen. Den Ofen ausschalten, sobald die gewünschte Temperatur erreicht ist.

3 • Den Wassertopf vom Herd nehmen, die Basis-, Aroma- und Spezialmalze hineingeben und umrühren. Die Temperatur der Maische überprüfen. Sie sollte etwa 67 °C betragen, da dies die Idealtemperatur für die Zuckerextraktion ist.

4 • Den Topf zudecken und in den Ofen stellen. Die Küchenuhr auf 1 Stunde einstellen. Alle 15 Minuten die Maische umrühren und die Temperatur messen. Die Einmaischtemperatur auf 66–68 °C halten. Sinkt sie unter 66 °C, die Maische 1–2 Minuten auf dem Herd erwärmen. Ist die Temperatur zu hoch, die Maische zur Abkühlung außerhalb des Ofens ein paar Minuten rühren.

5 • Nach 1 Stunde sind alle vergärbaren Zucker aus dem Getreide extrahiert. Sind in dieser Zeit Temperaturschwankungen aufgetreten, die Maische weitere 15 Minuten im Ofen lassen, um sicherzustellen, dass auch wirklich alle Zucker extrahiert wurden.

6 • Den Topf auf den Herd stellen und die Maische auf 77 °C erhitzen. Den Topf etwa 10 Minuten stehen lassen. Dadurch kommt die Enzymaktivität zum Stillstand. Währenddessen die restlichen 4 l Wasser in einem zweiten Topf

3

7a

7b

8

10

auf rund 77 °C erhitzen. Es wird im nächsten Schritt zum Anschwänzen und zur Zunahme des Volumens der Würze vor dem Kochen benötigt.

7 • Die Maische in ein Sieb gießen, die Flüssigkeit auffangen. Diese Flüssigkeit heißt Würze. Langsam das Getreide mit der Hälfte des erwärmten Wassers übergießen und gleichmäßig abspülen.

8 • Den Maische-Topf reinigen und das Sieb mit der Maische wieder auf diesen Topf setzen. Die Würze wieder über das Getreide gießen. So wird der gesamte Zucker aus dem Getreide ausgewaschen und ein Teil des Bodensatzes abgeseiht. Diesen Vorgang zwei Mal wiederholen, am Ende ist die Würze wieder im ursprünglichen Topf. Die Würze mit dem restlichen erwärmten Wasser nach Augenmaß auf etwa 6 l auffüllen (ein 8-l-Topf wird zu drei Vierteln voll sein). Die erforderliche Menge des Auffüllwassers hängt davon ab, wie viel Getreide verwendet wurde und wie viel Flüssigkeit es beim Maischen aufgenommen hat. Das ausgelaugte Getreide wegwerfen.

9 • Die Würze bei starker Hitze auf dem Herd zum Kochen bringen. Das dauert zwischen 30 und 45 Minuten. Kurz bevor die Würze aufkocht, sammelt sich Schaum auf der Oberfläche. Wenn der Schaum beginnt zu klumpen und sich Flöckchen bilden, nennt man dies »Durchbruch«. Darauf achten, dass die Würze dabei nicht überkocht. Je nach Bedarf die Würze umrühren oder die Hitze reduzieren.

10 • Sobald die Würze kocht und der Schaum wieder zusammengefallen ist, kann der Hopfen zugegeben werden. Das Hopfenkochen dauert für gewöhnlich 1 Stunde. Bei den meisten Rezepten erfolgt die Hopfenzugabe in drei Stufen für Bitterkeit, Geschmack und Aroma. Im Allgemeinen wird der Bitterhopfen am Beginn des Hopfenkochens (Restzeit: 60 Minuten), Geschmackshopfen in der zweiten Hälfte des Kochens (Restzeit: 20 Minuten) und Aromahopfen ganz zum Schluss (Restzeit: 1 Minute) zugegeben. Irisch Moos kann zusammen mit dem Geschmackshopfen bei

Fortsetzung

GRUNDREZEPT BIER, FORTSETZUNG

20 Minuten Restzeit beigemengt werden. Andere Geschmackszusätze wie Schokoraspeln, Früchte oder Gewürze werden meist mit dem Aromahopfen bei 1 Minute Restzeit zugegeben.

11 • Nach dem Hopfenkochen die Würze möglichst rasch abkühlen. Idealerweise beträgt ihre Temperatur binnen 30 Minuten mindestens 29 °C. Dies trägt dazu bei, dass sich Eiweißverbindungen gleichmäßiger absetzen (das Ergebnis ist ein reines, klares Bier), und verhindert, dass sich unliebsame Bakterien ansiedeln. Um das Abkühlen der Würze zu beschleunigen, ein Eisbad im Spülbecken vorbereiten. Das Spülbecken zur Hälfte mit kaltem Wasser füllen und den Topf mit der heißen Würze hineinstellen. Eiswürfel in das Spülbecken geben. Die Würze vorsichtig mit einem sterilisierten Löffel umrühren. Sobald das Wasser im Spülbecken erwärmt ist, sollte es durch kaltes Wasser und mehr Eiswürfel ersetzt werden. So lange wiederholen, bis die Würze abgekühlt ist.

Ein Hinweis zur Temperatur: Hefe stirbt bei 43 °C ab und fühlt sich bei rund 24 °C am wohlsten. Das Abkühlen auf 29 °C ist also ein Kompromiss, bei dem die Hefe nicht abstirbt und sich dennoch eine große Menge Flüssigkeit ohne gröbere Schwierigkeiten in einem Haushalt abkühlen lässt. Solange die Würze weniger als 37 °C hat, ist die Hefe außer Gefahr.

12 • Den Gäreimer (81) und den Deckel, den Gärspund, den Rührlöffel mit langem Griff, das Sieb, den Trichter und die Spindel sterilisieren. Sobald die Würze abgekühlt ist, das Sieb auf den Gäreimer setzen. Nach Belieben das Sieb mit einem Safttuch oder mehreren Schichten Käsetuch (unbedingt sterilisieren!) auslegen. Dadurch wird mehr Bodensatz ausgefiltert, dieses Verfahren erfordert aber auch mehr Zeit und Geduld. Die Würze in den Gäreimer abseihen. Es müssen etwa 4 l Würze vorhanden sein (der Gäreimer sollte halb voll sein). Bei Bedarf mehr Wasser hinzufügen. Keine Sorge, wenn die Menge etwas größer ist, aber machen Sie sich eine Notiz, dass Sie beim nächsten Mal weniger Anschwänzwasser verwenden. Mit der Spindel die Ausgangsdichte bestimmen (siehe Brau-Einmaleins, Seite 23).

13 • Um den Gärvorgang einzuleiten, den Hefestarter in die Würze gießen und kräftig umrühren, damit sich die Hefe verteilt und die Würze mit Sauerstoff angereichert wird. Durch

12

13

den Sauerstoffzusatz kommt die Hefe rasch in Schwung, sodass eine heftige Hauptgärung erfolgt. Den Deckel aufsetzen und den Gärspund anbringen. Den Gäreimer ungestört und vor direkter Sonneneinstrahlung geschützt bei mäßiger Raumtemperatur stehen lassen. Innerhalb von 48 Stunden sollte sich die aktive Gärung anhand von Bläschen im Gärspund bemerkbar machen.

14 • Das Bier ungestört 3–7 Tage gären lassen, bis die Gärung nachlässt und sich die dabei entstandenen Trübstoffe absetzen konnten. Nun kann das Bier vom Bodensatz in einen kleineren Gärballon für die längere Nachgärung abgezogen werden.

15 • Den Gärballon (51), den Stopfen, den Weinheber, den Gummizapfen, den Abfüllschlauch und die Schlauchklemme sterilisieren. Das Bier in den Ballon abziehen (siehe Brau-Einmaleins, Seite 24). Den Eimer gegen

HOPFEN

Mittlerweile gibt es so viele Hopfensorten auf dem Markt, dass es Jahre brauchen würde, sie alle durchzuprobieren. Der Alphasäuregehalt gibt Auskunft über die Menge an Bitterstoffen im Hopfen und daher sein Bitterungspotenzial. Hopfensorten mit hohem Alphasäuregehalt dienen primär dazu, Bieren Bittere zu verleihen, Hopfen mit geringerem Alphasäuregehalt sorgt für Geschmack und Aroma. Hopfen im Mittelbereich ist für beides geeignet. Hier sind einige der häufigsten Sorten nach ihrem Alphasäuregehalt geordnet angeführt:

SAAZER (3–5 % Alpha): weich, kräuterartig

CHALLENGER (3–6 % Alpha): würzig, holzig

FUGGLE (3–6 % Alpha): erdig, würzig

HALLERTAUER (4–7 % Alpha): blumig, würzig

CASCADE (4–8 % Alpha): Grapefruit, Kiefer

PALISADE (4–8 % Alpha): fruchtig, kräuterartig

CLUSTER (5–8 % Alpha): blumig, neutral bitter

AMARILLO (8–10 % Alpha): zitronig, blumig

COLUMBUS (10–16 % Alpha): kräuterartig, würzig

CHINOOK (12–14 % Alpha): Grapefruit, Kiefer

SORACHI ACE (13–18 % Alpha): Zitronenbonbon, weißer Pfeffer

Wenn Sie einen Hopfen durch einen anderen ersetzen, achten Sie auf den Alphasäuregehalt. Hopfen mit ähnlichen Werten können 1:1 ersetzt werden. Beim Wechsel von einem Gehalt zum anderen verwenden Sie diese Formel:

Alphasäuregehalt Hopfen A (Gramm Hopfen A) ÷ Alphasäuregehalt Hopfen B = Gramm Hopfen B

Hopfen A ist das Original, Hopfen B der Ersatz.

Fortsetzung

GRUNDREZEPT BIER, FORTSETZUNG

Ende hin neigen, um die gesamte Flüssigkeit abzuziehen. Aufhören, sobald die Flüssigkeit im Abfüllschlauch durch den Bodensatz getrübt ist. Den Ballon mit dem Stopfen verschließen und den Gärspund anbringen.

16 • Das Bier an einem kühlen dunklen Ort 2 Wochen stehen lassen. Danach sollten keine Anzeichen von Gärung mehr festzustellen sein. Den Gärspund beobachten: Sind 2 Minuten lang keine Bläschen zu sehen, ist die Gärung im Wesentlichen abgeschlossen. Sollte sich ein Bläschen zeigen, noch ein paar Tage warten, bis keine Bläschen mehr erkennbar sind.

17 • Den Kochtopf, die Spindel, elf 330-ml- oder sieben 500-ml-Bierflaschen, Kronkorken, den Abfüllschlauch, den Weinheber, den Gummizapfen und das Abfüllröhrchen sterilisieren. 125 ml Bier abziehen und mit der Spindel die Zieldichte bestimmen. Das Bier trinken oder wieder in den Gärballon gießen.

18 • Die Traubenzuckerlösung in den Topf gießen. Das Bier in den Topf abziehen und mit der Zuckerlösung vermischen. Darauf achten, dass so wenig wie möglich verschüttet wird.

19 • Das Bier in Flaschen abziehen, Flaschen verkorken und mit Etiketten versehen. Die Flaschen bei Raumtemperatur vor direkter Sonneneinstrahlung geschützt mindestens 2 Wochen stehen lassen, damit sich Kohlensäure bildet. Bis zu 1 Jahr lagern. Vor dem Servieren kühl stellen.

17

18
19

GETREIDE

Gemälzte Getreide bilden die Basis aller Bierrezepte. Die Kombination verschiedener Getreidearten aus den unten angeführten Kategorien sorgt für verschiedene Geschmacksnoten der Biere. Das Mälzen ist der Vorgang, bei dem das Getreide zum Keimen gebracht wird, sodass Zucker entsteht, der später beim Brauen als Nahrung für die Hefe dient. Ungemälzte Getreide werden manchmal eingesetzt, um besondere Aromen oder Farben zu erzielen. Sie verleihen dem Braugetränk jedoch keinen zusätzlichen Zucker.

Basismalze

Diese Malze haben einen relativ neutralen Geschmack, sind aber reich an Enzymen und potenziellem Zucker. Für sich allein würden sie ein fades Bier ergeben, sie bilden jedoch eine solide Basis für andere, geschmacksintensivere Malze.

PILSNER MALZ: Extra leichtes Aroma und helle Farbe, eine exzellente Basis für alle Biersorten, speziell für Pilsner Biere und andere Lagerbiere.

PALE ALE: Etwas stärkeres Röstaroma und dunklere Farbe als Pilsner Malz mit genauso viel Gärpotenzial.

MARIS OTTER: Durch Rösten bekommt dieses Malz ein nussigeres Aroma und eine dunklere Farbe als andere Basismalze, es enthält aber dennoch jede Menge Zucker.

Aromamalze

Sie zeichnen für das eigentliche Aroma des Biers verantwortlich. Sie sind stärker geröstet, wodurch sich der Zucker reduziert, doch Aroma und Farbe, die sie einem Bier verleihen können, sind verstärkt.

KRISTALLMALZ: Es gibt viele Arten davon, die unterschiedlich stark geröstet sind. Es wird auch als Karamellmalz bezeichnet und hat einen nussigen Charakter.

WIENER MALZ: Leicht geröstet. Sorgt für ein malzbetontes Aroma und eine goldene Farbe.

MÜNCHNER MALZ: Reich und malzig. Verleiht Bieren eine kräftige rötlich-braune Farbe (Caramünch hat ein intensiveres Röst- und Karamellaroma).

HONIGMALZ: Süß und mild mit dezentem Kleeblütenhoniggeschmack.

BISKUITMALZ: Sorgt für einen leichten Geschmack nach frisch gebackenem Brot.

Spezialmalze

Schon kleine Mengen dieser Röstmalze zeigen große Wirkung.

SCHOKOLADENMALZ: Steuert ein Aroma von gebranntem Karamell, dunklen Früchten und – natürlich – Schokolade bei.

KAFFEEMALZ: Wie frisch geröstete Kaffeebohnen.

SPECIAL B: Sorgt für ein reiches Aroma aus Rosinen und Toffee sowie eine dunkelbraune Farbe.

BLACK PATENT: Sehr intensives, bittereres Röstaroma. Schon eine kleine Menge färbt das Bier schwarz.

RAUCHMALZ: Mit diesen Malz wird ein typischer Rauchgeschmack erzeugt.

Andere Getreidearten

Getreide wie diese steuern nicht viel Zucker zur Gärung bei, verleihen dem Bier jedoch ihr ganz eigenes Aroma und eine besondere Textur.

WEIZEN: In kleinen Mengen verbessert gemälzter Weizen die Schaumstabilität. In größeren Mengen sorgt er für ein trübes Aussehen, ein weiches Mundgefühl und ein süßes Weizenaroma.

ROGGEN: Sorgt für würzige Aromen. Achtung, er kann die Maische sehr klebrig machen.

HAFER: Trägt nicht viel zum Aroma bei, verleiht Bier jedoch ein cremiges Mundgefühl.

REIS: Macht den Körper des Biers leichter und sorgt für dezente Fruchtnoten.

BUCHWEIZEN: Steuert ein nussiges, erdiges Aroma bei. Verleiht glutenfreien Bieren ein röstiges Aroma und Tiefe.

Amber Ale

ERGIBT 4 L
ANGESTREBTE AUSGANGSDICHTE = 1,060–1,065
ANGESTREBTE ZIELDICHTE = 1,015–1,020
ANGESTREBTE VOL.-% = 6 PROZENT

Malzig, röstig und ein klein wenig bitter: Das nenne ich ein gutes Amber Ale. Es ist die Art von Bier, die man sich gern nach einem anstrengenden Tag gönnt. Amber Ale ist jedes Mal ein Hochgenuss.

HEFESTARTER

2 EL Trockenmalzextrakt
250 ml kochend heißes Wasser
1½ EL (½ Röhrchen) California-Ale-Hefe, flüssig

ZUTATEN

8 l Wasser
900 g Pale-Ale-Malz, geschrotet
240 g Honigmalz, geschrotet
60 g Karamellmalz hell, geschrotet
60 g Karamellmalz dunkel, geschrotet
60 g Weizenmalz, geschrotet
1 EL / 10 g Fuggle-Hopfen (Bitterhopfen)
½ EL / 5 g Saazer Hopfen (Geschmackshopfen)
⅛ TL getrocknetes Irisch Moos
½ EL / 5 g Saazer Hopfen (Aromahopfen)
3 EL Traubenzucker aufgelöst in 125 ml kochend heißem Wasser und abgekühlt, zur Flaschenfüllung

1 • Den Hefestarter 6–12 Stunden vor dem geplanten Brauen zubereiten. Ein Einmachglas (500 ml) und einen Löffel sterilisieren. Den Malzextrakt unter Rühren in kochend heißem Wasser auflösen und im Glas auf Raumtemperatur abkühlen lassen. Die Hefe zugeben, ein Stück Plastikfolie über die Glasöffnung legen und mit Gummiband befestigen. Das Glas gut schütteln und bis zum Gebrauch stehen lassen. Der Hefestarter sollte nach ein paar Stunden Schaum bilden und winzige Bläschen sollten aufsteigen.

2 • 4 l Wasser in einem großen Kochtopf bei starker Hitze auf 71 °C erhitzen. Währenddessen den Ofen auf 66–68 °C vorheizen. Wenn der Ofen keine so niedrige Stufe hat oder kein Ofenthermometer zur Hand ist, den Ofen einfach etwa 5 Minuten auf der niedrigsten Stufe aufheizen. Den Ofen ausschalten, sobald die gewünschte Temperatur erreicht ist.

3 • Den Topf vom Herd nehmen, das Pale-Ale-Malz, das Honigmalz, die Karamellmalze und das Weizenmalz einrühren. Die Temperatur der Maische mit einem Digitalthermometer überprüfen. Rühren, bis sie mindestens 68 °C beträgt.

4 • Den Topf zudecken und in den Ofen stellen. Die Küchenuhr auf 1 Stunde einstellen. Alle 15 Minuten die Maische umrühren und die Temperatur messen. Die Einmaischtemperatur auf 66–68 °C halten. Sinkt sie unter 66 °C, die Maische 1–2 Minuten auf dem Herd erwärmen. Ist die Temperatur zu hoch, die Maische zur Abkühlung außerhalb des Ofens ein paar Minuten rühren.

Fortsetzung

AMBER ALE, FORTSETZUNG

5 • Nach 1 Stunde ist das Getreide gemaischt. Sind in dieser Zeit Temperaturschwankungen aufgetreten, die Maische weitere 15 Minuten im Ofen lassen, um sicherzustellen, dass auch wirklich alle Zucker extrahiert wurden.

6 • Den Topf auf den Herd stellen und die Maische auf 77 °C erhitzen. Den Topf etwa 10 Minuten stehen lassen. Währenddessen die restlichen 4 l Wasser in einem zweiten Topf auf rund 77 °C erhitzen.

7 • Zum Anschwänzen ein großes Sieb auf einen weiteren großen Kochtopf, den Gäreimer oder einen anderen Behälter setzen, dessen Fassungsvermögen groß genug für die Flüssigkeit aus der Maische ist, und diesen ins Spülbecken stellen. Die Maische in das Sieb gießen. Die Flüssigkeit, die sich nun im Topf sammelt, heißt Würze. Langsam das Getreide mit der Hälfte des erwärmten Wassers übergießen und gleichmäßig abspülen.

8 • Den Maische-Topf reinigen und das Sieb mit der Maische wieder auf diesen Topf setzen. Die Würze wieder über das Getreide gießen. Diesen Vorgang zwei Mal wiederholen, am Ende ist die Würze wieder im ursprünglichen Topf. Die Würze mit zusätzlichem erwärmten Wasser nach Augenmaß auf etwa 6 l auffüllen (ein 8-l-Topf wird zu drei Vierteln voll sein). Die erforderliche Menge des Auffüllwassers hängt davon ab, wie viel Getreide verwendet wurde und wie viel Flüssigkeit es beim Maischen aufgenommen hat. Das ausgelaugte Getreide wegwerfen.

9 • Die Würze bei starker Hitze auf dem Herd zum Kochen bringen. Das dauert zwischen 30 und 45 Minuten. Auf den Durchbruch achten und aufpassen, dass die Würze nicht überkocht. Je nach Bedarf die Würze umrühren oder die Hitze reduzieren.

10 • Die Küchenuhr auf 1 Stunde einstellen und 1 EL Fuggle-Hopfen zur Bitterung zugeben. Bei 20 Minuten Restzeit den ½ EL Saazer Hopfen und das Irisch Moos hinzufügen. Bei 1 Minute Restzeit ½ EL Saazer Hopfen hinzufügen.

11 • Ein Eisbad im Spülbecken vorbereiten. Die Würze auf rund 29 °C abkühlen, bei Bedarf das Wasser im Eisbad austauschen.

12 • Den Gäreimer und den Deckel, den Gärspund, einen Rührlöffel mit langem Griff, das Sieb, den Trichter und die Spindel sterilisieren. Das Sieb auf den Gäreimer (8 l) setzen. Nach Belieben das Sieb mit einem Safttuch oder mehreren Schichten Käsetuch (unbedingt sterilisieren!) auslegen. Die Würze in den Gäreimer abseihen. Es müssen etwa 4 l Würze vorhanden sein. Bei Bedarf mehr Wasser hinzufügen. Mit der Spindel die Ausgangsdichte bestimmen (siehe Brau-Einmaleins, Seite 23).

13 • Den Hefestarter in die Würze gießen und kräftig umrühren, damit sich die Hefe verteilt und die Würze mit Sauerstoff angereichert wird. Den Deckel aufsetzen und den Gärspund anbringen. Den Gäreimer ungestört und vor direkter Sonneneinstrahlung geschützt bei mäßiger Raumtemperatur stehen lassen. Innerhalb von 48 Stunden sollte sich die aktive Gärung anhand von Bläschen im Gärspund bemerkbar machen.

14 • Das Bier ungestört zwischen 3–7 Tage gären lassen, bis die Gärung nachlässt und sich die dabei entstandenen Trübstoffe absetzen konnten. Nun kann das Bier vom Bodensatz in einen kleineren Gärballon für die längere Nachgärung abgezogen werden.

15 • Den Gärballon (5 l), den Stopfen, den Weinheber, den Gummizapfen, den Abfüllschlauch und die Schlauchklemme sterilisieren. Das Bier in den Ballon abziehen. Den Gäreimer gegen Ende hin neigen, um die gesamte Flüssigkeit abzuziehen. Aufhören, sobald die Flüssigkeit im Abfüllschlauch durch den Bodensatz getrübt ist. Den Gärballon mit dem Stopfen verschließen. Den Gärspund sterilisieren und in den Stopfen des Gärballons stecken. An einem kühlen dunklen Ort 2 Wochen stehen lassen.

16 • Zum Abfüllen einen Kochtopf, die Spindel, elf 330-ml- oder sieben 500-ml-Bierflaschen, Kronkorken, den Abfüllschlauch, den Weinheber, den Gummizapfen und das Abfüllröhrchen sterilisieren. 125 ml Bier abziehen und mit der Spindel die Zieldichte bestimmen. Das Bier trinken oder wieder in den Gärballon gießen.

17 • Die Traubenzuckerlösung in den Kochtopf gießen. Das Bier in den Topf abziehen und mit der Zuckerlösung vermischen. Darauf achten, dass so wenig wie möglich verschüttet wird. Das Bier in Flaschen abziehen, Flaschen verkorken und mit Etiketten versehen.

18 • Die Flaschen bei Raumtemperatur vor direkter Sonneneinstrahlung geschützt mindestens 2 Wochen stehen lassen, damit sich Kohlensäure bildet. Bis zu 1 Jahr lagern. Vor dem Servieren kühl stellen.

India Pale Ale

ERGIBT 4 L
ANGESTREBTE AUSGANGSDICHTE = 1,060–1,065
ANGESTREBTE ZIELDICHTE = 1,015–1,020
ANGESTREBTE VOL.-% = 6 PROZENT

Cascade-Hopfen verleiht dem India Pale Ale, kurz IPA, seinen bitteren Grapefruitgeschmack. Da in diesem IPA-Rezept für Bittere, Geschmack und Aroma jeweils derselbe Hopfen verwendet wird, eignet es sich gut für allerlei Experimente mit Hopfen. Probieren Sie Citra-Hopfen für einen tropischen Geschmack oder East-Kent-Golding-Hopfen für einen britischen Touch. Passen Sie die Hopfenmengen entsprechend ihres Alphasäuregehalts an (siehe Seite 97).

HEFESTARTER

2 EL Trockenmalzextrakt
250 ml kochend heißes Wasser
1½ EL (½ Röhrchen) California-Ale-Hefe, flüssig

ZUTATEN

8 l Wasser
900 g Pilsner Malz, geschrotet
240 g Maris-Otter-Malz, geschrotet
240 g Karamellmalz hell, geschrotet
2½ EL / 25 g Cascade-Hopfen (Bitterhopfen)
1 EL / 10 g Cascade-Hopfen (Geschmackshopfen)
⅛ TL getrocknetes Irisch Moos
1 EL / 10 g Cascade-Hopfen (Aromahopfen)
3 EL Traubenzucker aufgelöst in 125 ml kochend heißem Wasser und abgekühlt, zur Flaschenfüllung

1 • Den Hefestarter 6–12 Stunden vor dem geplanten Brauen zubereiten. Ein Einmachglas (500 ml) und einen Löffel sterilisieren. Den Malzextrakt unter Rühren in kochend heißem Wasser auflösen und im Glas auf Raumtemperatur abkühlen lassen. Die Hefe zugeben, ein Stück Plastikfolie über die Glasöffnung legen und mit Gummiband befestigen. Das Glas gut schütteln und bis zum Gebrauch stehen lassen. Der Hefestarter sollte nach ein paar Stunden Schaum bilden und winzige Bläschen sollten aufsteigen.

2 • 4 l Wasser in einem großen Kochtopf bei starker Hitze auf 71 °C erhitzen. Währenddessen den Ofen auf 66–68 °C vorheizen. Wenn der Ofen keine so niedrige Stufe hat oder kein Ofenthermometer zur Hand ist, den Ofen einfach etwa 5 Minuten auf der niedrigsten Stufe aufheizen. Den Ofen ausschalten, sobald die gewünschte Temperatur erreicht ist.

3 • Für die Maische den Wassertopf vom Herd nehmen, das Pilsner Malz, das Maris-Otter-Malz und das Karamellmalz einrühren. Die Temperatur der Maische mit einem Digitalthermometer überprüfen. Rühren, bis sie mindestens 68 °C beträgt.

4 • Den Topf zudecken und in den Ofen stellen. Die Küchenuhr auf 1 Stunde einstellen. Alle 15 Minuten die Maische umrühren und die Temperatur messen. Die Einmaischtemperatur auf 66–68 °C halten. Sinkt sie unter 66 °C, die Maische 1–2 Minuten auf dem Herd erwärmen. Ist die Temperatur zu hoch, die Maische zur Abkühlung außerhalb des Ofens ein paar Minuten rühren.

Fortsetzung

INDIA PALE ALE, FORTSETZUNG

5 • Nach 1 Stunde ist das Getreide gemaischt. Sind in dieser Zeit Temperaturschwankungen aufgetreten, die Maische weitere 15 Minuten im Ofen lassen, um sicherzustellen, dass auch wirklich alle Zucker extrahiert wurden.

6 • Den Topf auf den Herd stellen und die Maische auf 77 °C erhitzen. Den Topf etwa 10 Minuten dort stehen lassen. Währenddessen die restlichen 4 l Wasser in einem weiteren Topf auf rund 77 °C erwärmen.

7 • Zum Anschwänzen ein großes Sieb auf einen weiteren großen Kochtopf, den Gäreimer oder einen anderen Behälter setzen, dessen Fassungsvermögen groß genug für die Flüssigkeit aus der Maische ist, und diesen ins Spülbecken stellen. Die Maische in das Sieb gießen. Die Flüssigkeit, die sich nun im Topf sammelt, heißt Würze. Langsam das Getreide mit der Hälfte des erwärmten Wassers übergießen und gleichmäßig abspülen.

8 • Den Maische-Topf reinigen und das Sieb mit der Maische wieder auf diesen Topf setzen. Die Würze wieder über das Getreide gießen. Diesen Vorgang zwei Mal wiederholen, am Ende ist die Würze wieder im ursprünglichen Topf. Die Würze mit zusätzlichem erwärmten Wasser nach Augenmaß auf etwa 6 l auffüllen (ein 8-l-Topf wird zu drei Vierteln voll sein). Die erforderliche Menge des Auffüllwassers hängt davon ab, wie viel Getreide verwendet wurde und wie viel Flüssigkeit es beim Maischen aufgenommen hat. Das ausgelaugte Getreide wegwerfen.

9 • Die Würze bei starker Hitze auf dem Herd zum Kochen bringen. Das dauert zwischen 30 und 45 Minuten. Auf den Durchbruch achten und aufpassen, dass die Würze dabei nicht überkocht. Je nach Bedarf die Würze umrühren oder die Hitze reduzieren.

10 • Die Küchenuhr auf 1 Stunde einstellen und 2½ EL Cascade-Hopfen hinzufügen. Bei 20 Minuten Restzeit 1 EL Cascade-Hopfen und das Irisch Moos zugeben. Bei 1 Minute Restzeit den restlichen EL Cascade-Hopfen hinzufügen.

11 • Ein Eisbad im Spülbecken vorbereiten. Die Würze auf etwa 29 °C abkühlen, bei Bedarf das Wasser im Eisbad austauschen.

12 • Den Gäreimer und den Deckel, den Gärspund, einen Rührlöffel mit langem Griff, das Sieb, den Trichter und die Spindel sterilisieren. Das Sieb auf den Gäreimer (8 l) setzen. Nach Belieben das Sieb mit einem Safttuch oder mehreren Schichten Käsetuch (unbedingt sterilisieren!) auslegen. Die Würze in den Gäreimer abseihen. Es müssen etwa 4 l Würze vorhanden sein, bei Bedarf also mehr Wasser hinzufügen. Mit der Spindel die Ausgangsdichte bestimmen (siehe Brau-Einmaleins, Seite 23).

13 • Den Hefestarter in die Würze gießen und kräftig umrühren, damit sich die Hefe verteilt

und die Würze mit Sauerstoff angereichert wird. Den Deckel aufsetzen und den Gärspund anbringen. Den Gäreimer ungestört und vor direkter Sonneneinstrahlung geschützt bei mäßiger Raumtemperatur stehen lassen. Innerhalb von 48 Stunden sollte sich die aktive Gärung anhand von Bläschen im Gärspund bemerkbar machen.

14 • Das Bier ungestört 3–7 Tage gären lassen, bis die Gärung nachlässt und sich die dabei entstandenen Trübstoffe absetzen konnten. Nun kann das Bier vom Bodensatz in einen kleineren Gärballon für die längere Nachgärung abgezogen werden.

15 • Den Gärballon (5 l), den Stopfen, den Weinheber, den Gummizapfen, den Abfüllschlauch und die Schlauchklemme sterilisieren. Das Bier in den Ballon abziehen. Den Gäreimer gegen Ende hin neigen, um die gesamte Flüssigkeit abzuziehen. Aufhören, sobald die Flüssigkeit im Abfüllschlauch durch den Bodensatz getrübt ist. Den Gärballon mit dem Stopfen verschließen. Den Gärspund sterilisieren und in den Stopfen des Gärballons stecken. An einem kühlen dunklen Ort 2 Wochen stehen lassen.

16 • Zum Abfüllen einen Kochtopf, die Spindel, elf 330-ml- oder sieben 500-ml-Bierflaschen, Kronkorken, den Abfüllschlauch, den Weinheber, den Gummizapfen und das Abfüllröhrchen sterilisieren. 125 ml Bier abziehen und mit der Spindel die Zieldichte bestimmen. Das Bier trinken oder wieder in den Gärballon gießen.

17 • Die Traubenzuckerlösung in den Kochtopf gießen. Das Bier in den Topf abziehen und mit der Zuckerlösung vermischen. Darauf achten, dass so wenig wie möglich verschüttet wird. Das Bier in Flaschen abziehen, Flaschen verkorken und mit Etiketten versehen.

18 • Die Flaschen bei Raumtemperatur vor direkter Sonneneinstrahlung geschützt mindestens 2 Wochen stehen lassen, damit sich Kohlensäure bildet. Bis zu 1 Jahr lagern. Vor dem Servieren kühl stellen.

Aprikosen-Weizenbier

ERGIBT 4 L
ANGESTREBTE AUSGANGSDICHTE = 1,060–1,065
ANGESTREBTE ZIELDICHTE = 1,015–1,020
ANGESTREBTE VOL.-% = 6 PROZENT

Weizenbiere harmonieren meiner Meinung nach besonders gut mit Früchten. Die Weizenmalze verleihen diesen Bieren eine besondere Süße und eine nahezu cremige Textur – eine Kombination, die geradezu nach einem Feuerwerk aus herben Fruchtaromen schreit. Wenn Sie keine frischen Aprikosen zur Verfügung haben, probieren Sie es erst gar nicht mit Trockenfrüchten oder Sirup. Steigen Sie lieber auf andere Sommerfrüchte wie Pfirsiche, Himbeeren oder Erdbeeren um

HEFESTARTER

2 EL Trockenmalzextrakt
250 ml kochend heißes Wasser
1½ EL (½ Röhrchen) Weizenbierhefe, flüssig

ZUTATEN

8 l Wasser
450 g Weizenmalz, geschrotet
450 g Pilsner Malz, geschrotet
240 g Karamellmalz hell, geschrotet
1 EL / 10 g Hallertauer Hopfen (Bitterhopfen)
½ EL / 5 g Hallertauer Hopfen (Geschmackshopfen)
½ EL / 5 g Hallertauer Hopfen (Aromahopfen)
450 g frische Aprikosen, entsteint und gehackt
3 EL Traubenzucker aufgelöst in 125 ml kochend heißem Wasser und abgekühlt, zur Flaschenfüllung

1 • Den Hefestarter 6–12 Stunden vor dem geplanten Brauen zubereiten. Ein Einmachglas (500 ml) und einen Löffel sterilisieren. Den Malzextrakt unter Rühren in kochend heißem Wasser auflösen und im Glas auf Raumtemperatur abkühlen lassen. Die Hefe zugeben, ein Stück Plastikfolie über die Glasöffnung legen und mit Gummiband befestigen. Das Glas gut schütteln und bis zum Gebrauch stehen lassen. Der Hefestarter sollte nach ein paar Stunden Schaum bilden und winzige Bläschen sollten aufsteigen.

2 • 4 l Wasser in einem großen Kochtopf bei starker Hitze auf 71 °C erhitzen. Währenddessen den Ofen auf 66–68 °C vorheizen. Wenn der Ofen keine so niedrige Stufe hat oder kein Ofenthermometer zur Hand ist, den Ofen einfach etwa 5 Minuten auf der niedrigsten Stufe aufheizen. Den Ofen ausschalten, sobald die gewünschte Temperatur erreicht ist.

3 • Den Wassertopf vom Herd nehmen, das Weizenmalz, das Pilsner Malz und das Karamellmalz einrühren. Die Temperatur der Maische mit einem Digitalthermometer überprüfen. Rühren, bis sie mindestens 68 °C beträgt.

4 • Den Topf zudecken und in den Ofen stellen. Die Küchenuhr auf 1 Stunde einstellen. Alle 15 Minuten die Maische umrühren und die Temperatur messen. Die Einmaischtemperatur auf 66–68 °C halten. Sinkt sie unter 66°C, die Maische 1–2 Minuten auf dem Herd erwärmen. Ist die Temperatur zu hoch, die Maische zur Abkühlung außerhalb des Ofens ein paar Minuten rühren.

5 • Nach 1 Stunde ist das Getreide gemaischt. Sind in dieser Zeit Temperaturschwankungen aufgetreten, die Maische weitere 15 Minuten im Ofen lassen, um sicherzustellen, dass auch wirklich alle Zucker extrahiert wurden.

6 • Den Topf auf den Herd stellen und die Maische auf 77 °C erhitzen. Den Topf etwa 10 Minuten stehen lassen. Währenddessen die restlichen 4 l Wasser in einem zweiten Topf auf rund 77 °C erhitzen.

7 • Zum Anschwänzen ein großes Sieb auf einen weiteren großen Kochtopf, den Gäreimer oder einen anderen Behälter setzen, dessen Fassungsvermögen groß genug für die Flüssigkeit aus der Maische ist, und diesen ins Spülbecken stellen. Die Maische in das Sieb gießen. Die Flüssigkeit, die sich nun im Topf sammelt, heißt Würze. Langsam das Getreide mit der Hälfte des erwärmten Wassers übergießen und gleichmäßig abspülen.

8 • Den Maische-Topf reinigen und das Sieb mit der Maische wieder auf diesen Topf setzen. Die Würze wieder über das Getreide gießen. Diesen Vorgang zwei Mal wiederholen, am Ende ist die Würze wieder im ursprünglichen Topf. Die Würze mit zusätzlichem erwärmten Wasser nach Augenmaß auf etwa 6 l auffüllen (ein 8-l-Topf wird zu drei Vierteln voll sein). Die erforderliche Menge des Auffüllwassers hängt davon ab, wie viel Getreide verwendet wurde und wie viel Flüssigkeit es beim Maischen aufgenommen hat. Das ausgelaugte Getreide wegwerfen.

9 • Die Würze bei starker Hitze auf dem Herd zum Kochen bringen. Das dauert zwischen 30 und 45 Minuten. Auf den Durchbruch achten und aufpassen, dass die Würze dabei nicht überkocht. Je nach Bedarf die Würze umrühren oder die Hitze reduzieren.

10 • Die Küchenuhr auf 60 Minuten einstellen und 1 EL Hallertauer Hopfen hinzufügen. Bei 20 Minuten Restzeit ½ EL Hallertauer Hopfen zugeben. Bei 1 Minute Restzeit ½ EL Hallertauer Hopfen und die gehackten Aprikosen hinzufügen. Die Würze noch einmal aufkochen lassen und dann vom Herd nehmen.

11 • Ein Eisbad im Spülbecken vorbereiten. Die Würze auf rund 29 °C abkühlen, bei Bedarf das Wasser im Eisbad austauschen.

12 • Den Gäreimer und den Deckel, den Gärspund, den Rührlöffel mit langem Griff und die Spindel sterilisieren. Die Würze und die Aprikosenstücke in den sterilisierten Gäreimer (8 l) gießen. Mit der Spindel die Ausgangsdichte bestimmen (siehe Brau-Einmaleins, Seite 23).

13 • Den Hefestarter in die Würze gießen und kräftig umrühren, damit sich die Hefe verteilt und die Würze mit Sauerstoff angereichert wird. Den Deckel aufsetzen und den Gärspund anbringen. Den Gäreimer ungestört und vor direkter Sonneneinstrahlung geschützt bei mäßiger Raumtemperatur stehen lassen. Innerhalb von 48 Stunden sollte sich die aktive Gärung anhand von Bläschen im Gärspund bemerkbar machen.

Fortsetzung

APRIKOSEN-WEIZENBIER, FORTSETZUNG

14 • Das Bier ungestört 3–7 Tage gären lassen, bis die Gärung nachlässt und sich die dabei entstandenen Trübstoffe absetzen konnten. Nun kann das Bier vom Bodensatz und den Aprikosen in einen kleineren Gärballon für die längere Nachgärung abgezogen werden.

15 • Den Gärballon (5 l), den Stopfen, den Trichter, das Saft- oder Käsetuch und den Rührlöffel mit langem Griff sterilisieren. Den Trichter auf den Gärballon setzen und mit dem Tuch auslegen. Langsam das Bier in den Gärballon gießen und dabei die Feststoffe herausfiltern. Bei Bedarf den Bodensatz, der sich im Trichter sammelt, mit dem Löffel aufrühren. Den Gärballon mit dem Stopfen verschließen. Den Gärspund sterilisieren und in den Stopfen des Ballons stecken. An einem kühlen dunklen Ort 2 Wochen stehen lassen.

16 • Zum Abfüllen einen Kochtopf, die Spindel, elf 330-ml- oder sieben 500-ml-Bierflaschen, Kronkorken, den Abfüllschlauch, den Weinheber, den Gummizapfen und das Abfüllröhrchen sterilisieren. 125 ml Bier abziehen und mit der Spindel die Zieldichte bestimmen. Das Bier trinken oder wieder in den Gärballon gießen.

17 • Die Traubenzuckerlösung in den Kochtopf gießen. Das Bier in den Topf abziehen und mit der Zuckerlösung vermischen. Darauf achten, dass so wenig wie möglich verschüttet wird. Das Bier in Flaschen abziehen, Flaschen verkorken und mit Etiketten versehen.

18 • Die Flaschen bei Raumtemperatur vor direkter Sonneneinstrahlung geschützt mindestens 2 Wochen stehen lassen, damit sich Kohlensäure bildet. Bis zu 1 Jahr lagern. Vor dem Servieren kühl stellen.

Farmhouse Ale

ERGIBT 4 L
ANGESTREBTE AUSGANGSDICHTE = 1,060–1,065
ANGESTREBTE ZIELDICHTE = 1,025–1,030
ANGESTREBTE VOL.-% = 4,5 PROZENT

Wie die Landarbeiter, die ursprünglich dieses Bier in ihren Pausen genossen, ist Farmhouse Ale etwas kantig und schroff. Trüb im Aussehen, prickelnd auf der Zunge und voll saftiger Zitronenaromen macht es müde Geister wieder wach. Beachten Sie, dass bei diesem Bier die Kochzeit etwas länger ist als bei den anderen; dadurch werden die körnigen Aromen reduziert.

HEFESTARTER

2 EL Trockenmalzextrakt
250 ml kochend heißes Wasser
1½ EL (½ Röhrchen) Saison-Hefe, flüssig

ZUTATEN

1125 g Pilsner Malz, geschrotet
120 g Weizenmalz, geschrotet
120 g Münchner Malz, geschrotet
1 EL / 10 g Palisade-Hopfen (Bitterhopfen)
½ TL / 1,5 g Sorachi-Ace-Hopfen (Geschmackshopfen)
½ TL / 1,5 g Sorachi-Ace-Hopfen (Aromahopfen)
3 EL Traubenzucker aufgelöst in 125 ml kochend heißem Wasser und abgekühlt, zur Flaschenfüllung

1 • Den Hefestarter 6–12 Stunden vor dem geplanten Brauen zubereiten. Ein Einmachglas (500 ml) und einen Löffel sterilisieren. Den Malzextrakt unter Rühren in kochend heißem Wasser auflösen und im Glas auf Raumtemperatur abkühlen lassen. Die Hefe zugeben, ein Stück Plastikfolie über die Glasöffnung legen und mit Gummiband befestigen. Das Glas gut schütteln und bis zum Gebrauch stehen lassen. Der Hefestarter sollte nach ein paar Stunden Schaum bilden und winzige Bläschen sollten aufsteigen.

2 • 4 l Wasser in einem großen Kochtopf bei starker Hitze auf 71 °C erhitzen. Währenddessen den Ofen auf 66–68 °C vorheizen. Wenn der Ofen keine so niedrige Stufe hat oder kein Ofenthermometer zur Hand ist, den Ofen einfach etwa 5 Minuten auf der niedrigsten Stufe aufheizen. Den Ofen ausschalten, sobald die gewünschte Temperatur erreicht ist.

3 • Für die Maische den Wassertopf vom Herd nehmen, das Pilsner Malz, das Weizenmalz und das Münchner Malz einrühren. Die Temperatur der Maische mit einem Digitalthermometer überprüfen. Rühren, bis sie mindestens 68 °C beträgt.

4 • Den Topf zudecken und in den Ofen stellen. Die Küchenuhr auf 1 Stunde einstellen. Alle 15 Minuten die Maische umrühren und die Temperatur messen. Die Einmaischtemperatur auf 66–68 °C halten. Sinkt sie unter 66°C, die Maische 1–2 Minuten auf dem Herd erwärmen. Ist die Temperatur zu hoch, die Maische zur Abkühlung außerhalb des Ofens ein paar Minuten rühren.

Fortsetzung

FARMHOUSE ALE, FORTSETZUNG

5 • Nach 1 Stunde ist das Getreide gemaischt. Sind in dieser Zeit Temperaturschwankungen aufgetreten, die Maische weitere 15 Minuten im Ofen lassen, um sicherzustellen, dass auch wirklich alle Zucker extrahiert wurden.

6 • Den Topf auf den Herd stellen und die Maische auf 77 °C erhitzen. Die Maische etwa 10 Minuten auf dieser Temperatur belassen. Währenddessen die restlichen 4 l Wasser in einem anderen Topf auf rund 77 °C erhitzen.

7 • Zum Anschwänzen ein großes Sieb auf einen weiteren großen Kochtopf, den Gäreimer oder einen anderen Behälter setzen, dessen Fassungsvermögen groß genug für die Flüssigkeit aus der Maische ist, und diesen ins Spülbecken stellen. Die Maische in das Sieb gießen. Die Flüssigkeit, die sich nun im Topf sammelt, heißt Würze. Langsam das Getreide mit der Hälfte des erwärmten Wassers übergießen und gleichmäßig abspülen.

8 • Den Maische-Topf reinigen und das Sieb mit der Maische wieder auf diesen Topf setzen. Die Würze wieder über das Getreide gießen. Diesen Vorgang zwei Mal wiederholen, am Ende ist die Würze wieder im ursprünglichen Topf. Die Würze mit zusätzlichem erwärmten Wasser nach Augenmaß auf etwa 7 l auffüllen (ein 8-l-Topf wird fast voll sein). Die erforderliche Menge des Auffüllwassers hängt davon ab, wie viel Getreide verwendet wurde und wie viel Flüssigkeit es beim Maischen aufgenommen hat. Das ausgelaugte Getreide wegwerfen.

9 • Die Würze bei starker Hitze auf dem Herd zum Kochen bringen. Das dauert zwischen 30 und 45 Minuten. Auf den Durchbruch achten und aufpassen, dass die Würze dabei nicht überkocht. Je nach Bedarf die Würze umrühren oder die Hitze reduzieren.

10 • Die Küchenuhr auf 90 Minuten einstellen. Die Würze 30 Minuten kochen lassen, dann 1 EL Palisade-Hopfen hinzufügen. Bei 20 Minuten Restzeit ½ TL Sorachi Ace-Hopfen zugeben. Bei 1 Minute Restzeit ½ TL Sorachi Ace-Hopfen hinzufügen.

11 • Ein Eisbad im Spülbecken vorbereiten. Die Würze auf rund 29 °C abkühlen, bei Bedarf das Wasser im Eisbad austauschen.

12 • Den Gäreimer und den Deckel, den Gärspund, den Rührlöffel mit langem Griff, das Sieb, den Trichter und die Spindel sterilisieren. Das Sieb auf den Gäreimer (8 l) setzen. Nach Belieben das Sieb mit einem Safttuch oder mehreren Schichten Käsetuch (unbedingt sterilisieren!) auslegen. Die Würze in den Gäreimer abseihen. Es müssen etwa 4 l Würze vorhanden sein, bei Bedarf also mehr Wasser hinzufügen. Mit der Spindel die Ausgangsdichte bestimmen (siehe Brau-Einmaleins, Seite 23).

13 • Den Hefestarter in die Würze gießen und kräftig umrühren, damit sich die Hefe verteilt und die Würze mit Sauerstoff angereichert wird. Den Deckel aufsetzen und den Gärspund anbringen. Den Gäreimer ungestört und vor direkter Sonneneinstrahlung geschützt

bei mäßiger Raumtemperatur stehen lassen. Innerhalb von 48 Stunden sollte sich die aktive Gärung anhand von Bläschen im Gärspund bemerkbar machen.

14 • Das Bier ungestört 3–7 Tage gären lassen, bis die Gärung nachlässt und sich die dabei entstandenen Trübstoffe absetzen konnten. Nun kann das Bier vom Bodensatz in einen kleineren Gärballon für die längere Nachgärung abgezogen werden.

15 • Den Gärballon (5l), den Stopfen, den Weinheber, den Gummizapfen, den Abfüllschlauch und die Schlauchklemme sterilisieren. Das Bier in den Ballon abziehen. Den Gäreimer gegen Ende hin neigen, um die gesamte Flüssigkeit abzuziehen. Aufhören, sobald die Flüssigkeit im Abfüllschlauch durch den Bodensatz getrübt ist. Den Gärballon mit dem Stopfen verschließen. Den Gärspund sterilisieren und in den Stopfen des Gärballons stecken. An einem kühlen dunklen Ort 2 Wochen stehen lassen.

16 • Zum Abfüllen einen Kochtopf, die Spindel, elf 330-ml- oder sieben 500-ml-Bierflaschen, Kronkorken, den Abfüllschlauch, den Weinheber, den Gummizapfen und das Abfüllröhrchen sterilisieren. 125 ml Bier abziehen und mit der Spindel die Zieldichte bestimmen. Das Bier trinken oder wieder in den Gärballon gießen.

17 • Die Traubenzuckerlösung in den Kochtopf gießen. Das Bier in den Topf abziehen und mit der Zuckerlösung vermischen. Darauf achten, dass so wenig wie möglich verschüttet wird. Das Bier in Flaschen abziehen, Flaschen verkorken und mit Etiketten versehen.

18 • Die Flaschen bei Raumtemperatur vor direkter Sonneneinstrahlung geschützt mindestens 2 Wochen stehen lassen, damit sich Kohlensäure bildet. Bis zu 1 Jahr lagern. Vor dem Servieren kühl stellen.

Glutenfreies Pale Ale

ERGIBT 4 L
ANGESTREBTE AUSGANGSDICHTE = 1,045–1,050
ANGESTREBTE ZIELDICHTE = 1,010–1,015
ANGESTREBTE VOL.-% = 5 PROZENT

Wer mit einer Glutenunverträglichkeit zu kämpfen hat, muss auf ganz schön viele Köstlichkeiten verzichten. Bier sollte nicht dazugehören. Hirse ist das beste glutenfreie Basismalz, allerdings sehr schwer erhältlich. Eine Alternative ist Hirsesirup. Er schmeckt wie eine Mischung aus braunem Zucker und Honig und harmoniert mit allen Hopfen. Andere Getreide, etwa Buchweizen und Quinoa, geben glutenfreien Bieren mehr Tiefe und Charakter. Beim Brauen von glutenfreien Bieren verwenden Sie am besten Trockenhefe, da Flüssighefen glutenhaltig sein können.

HEFESTARTER

2 EL Hirsesirup
250 ml kochend heißes Wasser
2 TL (1 Päckchen) Ale-Hefe, trocken (wie Safale US-05)

ZUTATEN

6 l Wasser
240 g geröstete Buchweizenkörner
675 g Hirsesirup
2 EL / 20 g Cluster-Hopfen (Bitterhopfen)
1 EL / 10 g Cluster-Hopfen (Geschmackshopfen)
⅛ TL getrocknetes Irisch Moos
1 EL / 10 g Saazer Hopfen (Aromahopfen)
3 EL Traubenzucker aufgelöst in 125 ml kochend heißem Wasser und abgekühlt, zur Flaschenfüllung

1 • Den 1–3 Stunden vor dem Brauen zubereiten. Ein Einmachglas (500 ml) und einen Löffel sterilisieren. 2 EL Hirsesirup in 250 ml kochend heißem Wasser auflösen und im Glas auf Raumtemperatur abkühlen lassen. Die Hefe zugeben, ein Stück Plastikfolie über die Glasöffnung legen und mit Gummiband befestigen. Das Glas gut schütteln und bis zum Gebrauch stehen lassen. Der Hefestarter sollte nach ein paar Stunden Schaum bilden und winzige Bläschen sollten aufsteigen.

2 • 1,5 l Wasser in einem großen Kochtopf auf 68 °C erhitzen. Währenddessen den Ofen auf 66–68 °C vorheizen. Wenn der Ofen keine so niedrige Stufe hat oder kein Ofenthermometer zur Hand ist, den Ofen einfach etwa 5 Minuten auf der niedrigsten Stufe aufheizen. Den Ofen ausschalten, sobald die gewünschte Temperatur erreicht ist.

3 • Den Wassertopf vom Herd nehmen, den Buchweizen in das Wasser einrühren. Die Temperatur der Maische mit einem Digitalthermometer überprüfen. Rühren, bis sie mindestens 68 °C beträgt.

Fortsetzung

GLUTENFREIES PALE ALE, FORTSETZUNG

4 • Den Topf zudecken und in den Ofen stellen. Die Küchenuhr auf 30 Minuten einstellen. Nach 15 Minuten die Maische umrühren und die Temperatur messen. Die Einmaischtemperatur auf 66–68 °C halten. Sinkt sie unter 66°C, die Maische 1–2 Minuten auf dem Herd erwärmen. Ist die Temperatur zu hoch, die Maische zur Abkühlung außerhalb des Ofens ein paar Minuten rühren.

5 • Nach 30 Minuten ist der Buchweizen gemaischt. Den Topf auf den Herd stellen und die Maische auf 77 °C erhitzen. Den Topf etwa 10 Minuten dort stehen lassen. Währenddessen die restlichen 4 l Wasser in einem anderen Topf auf rund 77 °C erhitzen.

6 • Zum Anschwänzen ein großes Sieb auf einen weiteren großen Kochtopf, den Gäreimer oder einen anderen Behälter setzen, dessen Fassungsvermögen groß genug für die Flüssigkeit aus der Maische ist, und diesen ins Spülbecken stellen. Die Maische in das Sieb gießen. Die Flüssigkeit, die sich nun im Topf sammelt, heißt Würze. Langsam das Getreide mit der Hälfte des erwärmten Wassers übergießen und gleichmäßig abspülen.

7 • Den Maische-Topf reinigen und das Sieb mit der Maische wieder auf diesen Topf setzen. Die Würze wieder über das Getreide gießen. Diesen Vorgang zwei Mal wiederholen, am Ende ist die Würze wieder im ursprünglichen Topf.

8 • 675 g Hirsesirup und zusätzliches erwärmtes Wasser hinzufügen, sodass insgesamt etwa 6 l Würze im Topf sind (ein 8-l-Topf wird zu drei Vierteln voll sein). Die erforderliche Menge des Auffüllwassers hängt davon ab, wie viel Getreide verwendet wurde und wie viel Flüssigkeit es beim Maischen aufgenommen hat. Das ausgelaugte Getreide wegwerfen.

9 • Die Würze bei starker Hitze auf dem Herd zum Kochen bringen. Das dauert zwischen 30 und 45 Minuten. Auf den Durchbruch achten und aufpassen, dass die Würze dabei nicht überkocht. Je nach Bedarf die Würze umrühren oder die Hitze reduzieren.

10 • Die Küchenuhr auf 60 Minuten einstellen und 2 EL Cluster-Hopfen hinzufügen. Bei 20 Minuten Restzeit 1 EL Cluster-Hopfen und Irisch Moos zugeben. Bei 1 Minute Restzeit 1 EL Saazer Hopfen hinzufügen.

11 • Ein Eisbad im Spülbecken vorbereiten. Die Würze auf rund 29 °C abkühlen, bei Bedarf das Wasser im Eisbad austauschen.

12 • Den Gäreimer und Deckel, den Gärspund, einen Rührlöffel mit langem Griff, ein Sieb, einen Trichter und die Spindel sterilisieren. Das Sieb auf den Gäreimer (8 l) setzen. Nach Belieben das Sieb mit einem Safttuch oder mehreren Schichten Käsetuch (unbedingt sterilisieren!) auslegen. Die Würze in den Gäreimer abseihen. Es müssen etwa 4 l Würze vorhanden sein. Bei Bedarf mehr Wasser hinzufügen. Mit der Spindel die Ausgangsdichte bestimmen (siehe Brau-Einmaleins, Seite 23).

13 • Den Hefestarter in die Würze gießen und kräftig umrühren, damit sich die Hefe verteilt und die Würze mit Sauerstoff angereichert wird. Den Deckel aufsetzen und den Gärspund anbringen. Den Gäreimer ungestört und vor direkter Sonneneinstrahlung geschützt bei mäßiger Raumtemperatur stehen lassen. Innerhalb von 48 Stunden sollte sich die aktive Gärung anhand von Bläschen im Gärspund bemerkbar machen.

14 • Das Bier ungestört 3–7 Tage gären lassen, bis die Gärung nachlässt und sich die dabei entstandenen Trübstoffe absetzen konnten. Nun kann das Bier vom Bodensatz in einen kleineren Gärballon für die längere Nachgärung abgezogen werden.

15 • Den Gärballon (5 l), den Stopfen, den Weinheber, den Gummizapfen, den Abfüllschlauch und die Schlauchklemme sterilisieren. Das Bier in den Ballon abziehen. Den Gäreimer gegen Ende hin neigen, um die gesamte Flüssigkeit abzuziehen. Aufhören, sobald die Flüssigkeit im Abfüllschlauch durch den Bodensatz getrübt ist. Den Gärballon mit dem Stopfen verschließen. Den Gärspund sterilisieren und in den Stopfen des Gärballons stecken. An einem kühlen dunklen Ort 2 Wochen stehen lassen.

16 • Zum Abfüllen einen Kochtopf, die Spindel, elf 330-ml- oder sieben 500-ml-Bierflaschen, Kronkorken, den Abfüllschlauch, den Weinheber, den Gummizapfen und das Abfüllröhrchen sterilisieren. 125 ml Bier abziehen und mit der Spindel die Zieldichte bestimmen. Das Bier trinken oder wieder in den Gärballon gießen.

17 • Die Traubenzuckerlösung in den Kochtopf gießen. Das Bier in den Topf abziehen und mit der Zuckerlösung vermischen. Darauf achten, dass so wenig wie möglich verschüttet wird. Das Bier in Flaschen abziehen, Flaschen verkorken und mit Etiketten versehen.

18 • Die Flaschen bei Raumtemperatur vor direkter Sonneneinstrahlung geschützt mindestens 2 Wochen stehen lassen, damit sich Kohlensäure bildet. Bis zu 1 Jahr lagern. Vor dem Servieren kühl stellen.

Mokka-Stout

ERGIBT 4 L
ANGESTREBTE AUSGANGSDICHTE = 1,055–1,060
ANGESTREBTE ZIELDICHTE = 1,020–1,035
ANGESTREBTE VOL.-% = 5 PROZENT

Es braucht nicht viel, um einem dunklen, röstigen Stout eine raffinierte Kaffeenote zu verpassen. Die Malze allein verleihen dem Bier schon reichlich Kaffee- und Schokoaroma, besonders wenn noch kräftig geröstete, nahezu schwarze Gerste hinzukommt. Nicht zu vergessen meine Geheimzutat: Schokoraspeln. Sie sorgen für einen reichen Schokogeschmack, ohne das Bier zu bitter oder zu süß zu machen. Beachten Sie, dass bei diesem Bier für die Flaschenfüllung etwas weniger Zucker als gewöhnlich verwendet wird, um ihm ein glatteres Mundgefühl zu verleihen.

HEFESTARTER

2 EL Trockenmalzextrakt
250 ml kochend heißes Wasser
1½ EL (½ Röhrchen) London-Ale-Hefe, flüssig

ZUTATEN

8 l Wasser
900 g Maris-Otter-Malz, geschrotet
120 g geröstete Gerste, geschrotet
120 g Caramünch-Malz, geschrotet
120 g Haferflocken
15 g Fuggle-Hopfen (Bitterhopfen)
5 g Palisade-Hopfen (Aromahopfen)
60 g grobe Schokoraspeln
2½ EL / 23 g Traubenzucker aufgelöst in 125 ml kochend heißem Wasser, zur Flaschenfüllung

1 • Den Hefestarter 6–12 Stunden vor dem Brauen zubereiten. Ein Einmachglas (500 ml) und einen Löffel sterilisieren. Den Malzextrakt unter Rühren in kochend heißem Wasser auflösen und im Glas auf Raumtemperatur abkühlen lassen. Die Hefe zugeben, ein Stück Plastikfolie über die Glasöffnung legen und mit Gummiband befestigen. Das Glas gut schütteln und bis zum Gebrauch stehen lassen. Der Hefestarter sollte nach ein paar Stunden Schaum bilden und winzige Bläschen sollten aufsteigen.

2 • 4 l Wasser in einem großen Kochtopf bei starker Hitze auf 71 °C erhitzen. Währenddessen den Ofen auf 66–68 °C vorheizen. Wenn der Ofen keine so niedrige Stufe hat oder kein Ofenthermometer zur Hand ist, den Ofen einfach etwa 5 Minuten auf der niedrigsten Stufe aufheizen. Den Ofen ausschalten, sobald die gewünschte Temperatur erreicht ist.

Fortsetzung

MOKKA-STOUT, FORTSETZUNG

3 • Den Wassertopf vom Herd nehmen, das Maris-Otter-Malz, die Gerste, das Caramünch-Malz und die Haferflocken in das Wasser einrühren. Die Temperatur der Maische mit einem Digitalthermometer überprüfen. Rühren, bis sie mindestens 68 °C beträgt.

4 • Den Topf zudecken und in den Ofen stellen. Die Küchenuhr auf 1 Stunde einstellen. Alle 15 Minuten die Maische umrühren und die Temperatur messen. Die Einmaischtemperatur auf 66–68 °C halten. Sinkt sie unter 66°C, die Maische 1–2 Minuten auf dem Herd erwärmen. Ist die Temperatur zu hoch, die Maische zur Abkühlung außerhalb des Ofens ein paar Minuten rühren.

5 • Nach 1 Stunde ist das Getreide gemaischt. Sind in dieser Zeit Temperaturschwankungen aufgetreten, die Maische weitere 15 Minuten im Ofen lassen, um sicherzustellen, dass auch wirklich alle Zucker extrahiert wurden.

6 • Den Topf auf den Herd stellen und die Maische auf 77 °C erhitzen. Den Topf etwa 10 Minuten dort stehen lassen. Währenddessen die restlichen 4 l Wasser in einem anderen Topf auf rund 77 °C erhitzen.

7 • Zum Anschwänzen ein großes Sieb auf einen weiteren großen Kochtopf, den Gäreimer oder einen anderen Behälter setzen, dessen Fassungsvermögen groß genug für die Flüssigkeit aus der Maische ist, und diesen ins Spülbecken stellen. Die Maische in das Sieb gießen. Die Flüssigkeit, die sich nun im Topf sammelt, heißt Würze. Langsam das Getreide mit der Hälfte des erwärmten Wassers übergießen und gleichmäßig abspülen.

8 • Den Maische-Topf reinigen und das Sieb mit der Maische wieder auf diesen Topf setzen. Die Würze wieder über das Getreide gießen. Diesen Vorgang zwei Mal wiederholen, am Ende ist die Würze wieder im ursprünglichen Topf. Die Würze mit zusätzlichem erwärmten Wasser nach Augenmaß auf etwa 6 l auffüllen (ein 8-l-Topf wird zu drei Vierteln voll sein). Die erforderliche Menge des Auffüllwassers hängt davon ab, wie viel Getreide verwendet wurde und wie viel Flüssigkeit es beim Maischen aufgenommen hat. Das ausgelaugte Getreide wegwerfen.

9 • Die Würze bei starker Hitze auf dem Herd zum Kochen bringen. Das dauert zwischen 30 und 45 Minuten. Auf den Durchbruch achten und aufpassen, dass die Würze dabei nicht überkocht. Je nach Bedarf die Würze umrühren oder die Hitze reduzieren.

10 • Die Küchenuhr auf 60 Minuten einstellen und den Fuggle-Hopfen hinzufügen. Bei 1 Minute Restzeit den Palisade-Hopfen und die Schokoraspeln zugeben.

11 • Ein Eisbad im Spülbecken vorbereiten. Die Würze auf rund 29 °C abkühlen, bei Bedarf das Wasser im Eisbad austauschen.

12 • Den Gäreimer und den Deckel, den Gärspund, einen Rührlöffel mit langem Griff, das Sieb, den Trichter und die Spindel sterilisieren. Das Sieb auf den Gäreimer (8 l) setzen. Nach Belieben das Sieb mit einem Safttuch oder mehreren Schichten Käsetuch (unbedingt sterilisieren!) auslegen. Die Würze in den Gäreimer abseihen. Es müssen etwa 4 l Würze vorhanden sein. Bei Bedarf mehr

Wasser hinzufügen. Mit der Spindel die Ausgangsdichte bestimmen (siehe Brau-Einmaleins, Seite 23).

13 • Den Hefestarter in die Würze gießen und kräftig umrühren, damit sich die Hefe verteilt und die Würze mit Sauerstoff angereichert wird. Den Deckel aufsetzen und den Gärspund anbringen. Den Gäreimer ungestört und vor direkter Sonneneinstrahlung geschützt bei mäßiger Raumtemperatur stehen lassen.

14 • Innerhalb von 48 Stunden sollte sich die aktive Gärung anhand von Bläschen im Gärspund bemerkbar machen. Das Bier ungestört 3–7 Tage gären lassen, bis die Gärung nachlässt und sich die dabei entstandenen Trübstoffe absetzen konnten. Nun kann das Bier vom Bodensatz in einen kleineren Gärballon für die längere Nachgärung abgezogen werden.

15 • Den Gärballon (5 l), den Stopfen, den Weinheber, den Gummizapfen, den Abfüllschlauch und die Schlauchklemme sterilisieren. Das Bier in den Ballon abziehen. Den Gäreimer gegen Ende hin neigen, um die gesamte Flüssigkeit abzuziehen. Aufhören, sobald die Flüssigkeit im Abfüllschlauch durch den Bodensatz getrübt ist. Den Gärballon mit dem Stopfen verschließen. Den Gärspund sterilisieren und in den Stopfen des Gärballons stecken. An einem kühlen dunklen Ort weitere 2 Wochen stehen lassen.

16 • Zum Abfüllen einen Kochtopf, die Spindel, elf 330-ml- oder sieben 500-ml-Bierflaschen, Kronkorken, den Abfüllschlauch, den Weinheber, den Gummizapfen und das Abfüllröhrchen sterilisieren. 125 ml Bier abziehen und mit der Spindel die Zieldichte bestimmen. Das Bier trinken oder wieder in den Gärballon gießen.

17 • Die Traubenzuckerlösung in den Kochtopf gießen. Das Bier in den Topf abziehen und mit der Zuckerlösung vermischen. Darauf achten, dass so wenig wie möglich verschüttet wird. Das Bier in Flaschen abziehen, Flaschen verkorken und mit Etiketten versehen.

18 • Die Flaschen bei Raumtemperatur vor direkter Sonneneinstrahlung geschützt mindestens 2 Wochen lagern, damit sich Kohlensäure bildet. Bis zu 1 Jahr lagern. Vor dem Servieren kühl stellen.

KAPITEL 6

Met

EXPERTEN IM GESPRÄCH: ORON BENARY

Wie haben Sie Ihre Leidenschaft für die Herstellung von Met entdeckt?

Ich war mit einem der Brüder von Brothers Drake befreundet. Als er die Idee zur kommerziellen Met-Herstellung hatte, stieg ich als Investor ein. Als das Unternehmen vor dem Aus stand, beschloss ich, nach Columbus umzuziehen, das Inventar zu übernehmen und das Unternehmen wieder auf Vordermann zu bringen. Und so lernte ich im Handumdrehen, wie man Met herstellt.

Wie lautet Ihre Philosophie?

Das Wichtigste für uns ist die Verwendung bester Zutaten. Je höher die Qualität des Honigs, desto höher die Qualität des Mets. Wir versuchen so gut wie möglich Honig aus der Region zu verwenden. Dieser Honig schmeckt einfach anders als importierter Honig. Unsere Met-Weine sind wie delikate Weine.

Was ist der heikelste Teil bei der Herstellung von Met?

Ein Gärstopp. Honig besitzt keine Nährstoffe für die Hefe. Wovon soll sich die Hefe also ernähren? Wir fügen Hefenährstoffe hinzu, um die Gärung in Schwung zu bringen. Außerdem muss man Nährstoffe zum richtigen Zeitpunkt zugeben, damit die Gärung nicht zu schnell erfolgt und den Geschmack des Mets verändert. Man muss die Hefe dann füttern, wenn sie Hunger hat – und sie wird es einem danken.

Was sind Ihre Inspirationsquellen?

Ungefilterter Met ist etwas wirklich Spannendes. Er ist trüb und verfügt über mehr Geschmacksstoffe, die den Gesamteindruck des Mets verändern. Wir experimentieren gerade auch mit verschiedenen Produkten aus der Region – zum Beispiel Papayas! Unser neuester Clou – Papaya-Met – schmeckt unglaublich.

Irgendwelche Tipps und Tricks für Selbstbrauer?

Gewöhnen Sie sich penible Sauberkeit an und achten Sie darauf, dass keine Luft in den Met eindringen kann. Das mag zwar arbeitsintensiv sein, aber bereits wenige Bakterien können den vergorenen Honig beeinträchtigen. Verwenden Sie natürlich nur beste Zutaten und greifen Sie dafür auch ruhig einmal etwas tiefer in die Geldtasche.

Oron Benary ist Besitzer und Met-Meister von Brothers Drake Meadery in Columbus, Ohio.

Grundrezept Met

ERGIBT 4 L

Met ist nichts anderes als Honigwein. Ihm wird gern nachgesagt, zuckersüß zu sein und es ganz schön in sich zu haben, allerdings muss das nicht unbedingt so sein. Met-Weine können so zart und herb wie ein Sauvignon Blanc oder so reich und komplex wie ein Dessertwein sein. Sie behalten immer das Grundaroma des Honigs, aus dem sie gebraut wurden. Eins stimmt jedoch: Met-Weine brauchen viel Zeit. Die meisten offenbaren ihren wahren Charakter erst nach etwa sechs Monaten, wenn nicht gar nach einem Jahr. Das soll nicht heißen, dass Sie ihn nicht schon früher trinken können, aber heben Sie sich zumindest ein, zwei Flaschen für den späteren Genuss auf.

Für die Zubereitung von 4 l Met richten Sie ihre Ausgangsmengen an Wasser, Honig und Früchten (nach Belieben) auf die Herstellung von 4 l Flüssigkeit aus. Berücksichtigen Sie die Saftigkeit der Früchte und die Tatsache, dass die Feststoffe nach der Hauptgärung abgeseiht werden. Dies erfordert etwas Schätzarbeit, doch es ist kein Problem, wenn etwas weniger oder mehr als 4 l herauskommen. Bedenken Sie bei der gewählten Menge an Honig oder Früchten für das folgende Rezept auch, dass mehr Honig einen süßeren Met ergibt und mehr Früchte dem Met einen fruchtigeren Geschmack verleihen.

ZUTATEN

3–3,5 l Wasser
900–1800 g Honig
450–1800 g Früchte (nach Belieben)
0,90 g Kaliumdisulfit
1 TL Hefenährsalz
1 TL Säuremischung (siehe Seite 13)
½ TL Pektinase (bei Verwendung von Früchten)
⅛ TL Tannin

HEFESTARTER

250 ml kochend heißes Wasser
2–4 EL Honig
2 TL (1 Päckchen) Champagner-Trockenhefe (für trockenen Met) oder 1½ EL Portwein- oder Sherry-Trockenhefe (für süßen Met)
⅛ TL Hefenährsalz

ZUBEHÖR

Kochtopf
Messbecher und Löffel
Rührlöffel mit langem Griff
Gäreimer (8 l) mit Deckel
Gärspund
Leinensäckchen (für Früchte, nach Belieben)
Spindel
Einmachglas (500 ml)
Gärballon (5 l)
Stopfen
Weinheber und Gummizapfen
Abfüllschlauch
Schlauchklemme
Abfüllröhrchen
Kronkorken oder Weinkorken
11 Flaschen (330 ml), 7 Flaschen (500 ml) oder 5 Weinflaschen (750 ml)
Kronkorken oder Weinkorken
Kronkorken-Verschließer oder Weinverkorker

1 • Den Gäreimer (8 l), den Deckel, den Gärspund und den Rührlöffel sterilisieren.

2 • Das Wasser bei mittlerer Hitze zum Köcheln bringen und den Honig einrühren. Nur so lange rühren, bis der Honig aufgelöst ist, dann den Topf vom Herd nehmen. Auf Raumtemperatur abkühlen lassen.

3 • Das Honigwasser in den Eimer (8 l) gießen. Früchte wenn nötig in kleine Stücke schneiden (Beeren und kleine Früchte können ganz bleiben), in ein Leinensäckchen binden und zum Honigwasser geben. Mit der Spindel die Ausgangsdichte bestimmen (siehe Brau-Einmaleins, Seite 23). 0,45 g Kaliumdisulfit einrühren. Den Deckel aufsetzen und den Spund anbringen. 24 Stunden warten, damit das Kaliumdisulfit den Met sterilisieren kann.

4 • Den Hefestarter 12 Stunden nach Zugabe des Kaliumdisulfits zubereiten. Ein Einmachglas (500 ml) und einen Löffel sterilisieren. 1 EL Honig pro 450 g berechnen. Den Honig in 250 ml kochend heißem Wasser unter Rühren auflösen und im Glas auf Raumtemperatur abkühlen lassen. Die Hefe und ⅛ TL Hefenährsalz zugeben, ein Stück Plastikfolie über die Öffnung legen und mit Gummiband befestigen. Das Glas gut schütteln und bis zum Gebrauch stehen lassen. Der Hefestarter sollte Schaum bilden und winzige Bläschen steigen auf.

5 • Wenn das Honigwasser sterilisiert ist, den Hefestarter mit dem restlichen TL Hefenährsalz, der Säuremischung, der Pektinase (bei Zugabe von Früchten) und dem Tannin einrühren. Kräftig umrühren, damit sich die Hefe verteilt und das Honigwasser mit Sauerstoff angereichert wird. Den Deckel wieder aufsetzen und den Gärspund wieder anbringen. Innerhalb von 48 Stunden sollte sich die aktive Gärung anhand von Bläschen im Gärspund bemerkbar machen.

6 • Den Met 1 Woche gären lassen, täglich mit einem sterilen Löffel umrühren. Danach kann der Met zur Nachgärung in einen Gärballon (5 l) umgefüllt werden.

7 • Den Gärballon (5 l), den Stopfen, den Weinheber, den Gummizapfen, den Abfüllschlauch und die Schlauchklemme sterilisieren. Das Säckchen mit Früchten, Gewürzen oder Kräutern mit sauberen Händen herausziehen, den gesamten Met in den Ballon abziehen. Den Eimer gegen Ende hin neigen, um die gesamte Flüssigkeit abzuziehen. Aufhören, sobald die Flüssigkeit im Abfüllschlauch durch den Bodensatz getrübt ist. Bei sehr breiigen Früchten kann es hilfreich sein, den Met durch ein sterilisiertes Safttuch oder mehrere Schichten Käsetuch abzuseihen, um überschüssigen Bodensatz zu beseitigen (siehe Vanille-Pfirsich-Met, Seite 134).

Fortsetzung

WIE SIE DEN FRUCHTGESCHMACK VERSTÄRKEN

Möchten Sie Ihrem Met (oder Cider, Bier oder Wein) mehr Fruchtaroma verleihen, fügen Sie weitere 225–450 g Früchte während der Nachgärung hinzu. Die Gärung ist an diesem Punkt großteils abgeschlossen, daher bleiben der Geschmack und das Aroma des Fruchtsafts rein und unverfälscht. Der Alkoholgehalt des Getränks bietet auch einen Schutz gegen Infektionen durch unerwünschte Bakterien oder wilde Hefen, die mit den rohen Früchten ins Getränk gelangen.

GRUNDREZEPT MET, FORTSETZUNG

8 • Den Gärballon mit dem Stopfen verschließen. Den Gärspund sterilisieren und in den Stopfen des Gärballons setzen . An einem kühlen dunklen Ort 4 Wochen stehen lassen.

9 • Nun sollten keine wirklichen Anzeichen von Gärung mehr festzustellen sein. Den Gärspund beobachten: Wenn 2 Minuten lang keine Bläschen zu sehen sind, ist die Gärung im Wesentlichen abgeschlossen. Der Met kann nun abgefüllt werden oder bis zu 6 Monate weiterreifen.

10 • Soll er weiterreifen, empfiehlt es sich, den Met hin und wieder vom Bodensatz abzuziehen. Einen Kochtopf, den Abfüllschlauch, den Weinheber und den Gummizapfen sterilisieren. Den Met in den Kochtopf abziehen. Den Gärballon, den Stopfen und den Gärspund reinigen und sterilisieren, den Met wieder in den Gärballon abziehen. Den Stopfen und den Gärspund anbringen. Dies bietet eine gute Möglichkeit, den Met zu verkosten. Schmeckt er zu süß, extra Säuremischung für etwas Herbe oder etwas Tannin für Trockenheit und Adstringenz zugeben. Mit einer kleinen Menge beginnen, nach 1–2 Wochen eine Kostprobe machen und bei Bedarf nachbessern. Der Met kann abgefüllt werden, sobald er nach Ihrem Geschmack ist.

11 • Wenn der Met bereit zur Abfüllung ist, einen Kochtopf, den Abfüllschlauch, den Weinheber und den Gummizapfen sterilisieren. Den Met in den Kochtopf abziehen, die restlichen 0,45 g Kaliumdisulfit in den Met einrühren. Den Gärballon, den Stopfen und den Gärspund reinigen und sterilisieren, den Met wieder in den Gärballon abziehen. Den Stopfen und den Gärspund anbringen. Mindestens 24 Stunden mit der Flaschenfüllung warten.

12 • Zur Abfüllung elf 330-ml- oder sieben 500-ml-Flaschen (oder fünf 750-ml-Weinflaschen), Kronkorken (oder Korken), den Abfüllschlauch, den Weinheber, den Gummizapfen, das Abfüllröhrchen und die Spindel sterilisieren. 125 ml Met abziehen und mit der Spindel die Zieldichte bestimmen. Den Met trinken oder wieder in den Gärballon gießen. Den Met in die Flaschen abziehen, Flaschen mit Kronkorken (oder Korken) verschließen und mit Etiketten versehen.

13 • Die Flaschen an einem dunklen kühlen Ort mindestens 2 Wochen oder bis zu 1 Jahr lagern.

Trockener Met

ERGIBT 4 L
ANGESTREBTE AUSGANGSDICHTE = 1,100–1,105
ANGESTREBTE ZIELDICHTE = 1,010–1,015
ANGESTREBTE VOL.-% = 12,5 PROZENT

Zugegeben: Ich bin kein großer Fan von allzu süßen Getränken. Deshalb hätte ich Met-Weine schon fast abgeschrieben, wenn mir nicht ein Freund einen trockenen Met empfohlen hätte: einen mit weniger Honig als üblich. Bei diesem Rezept verbleibt sehr wenig unfermentierter Honig im fertigen Met. Sie können sich vorstellen, wie überrascht ich war, als ich ein paar Monate nach dem Brauen feststellte, dass dieser Met ganz und gar nicht süß war. Er schmeckte zwar durchaus nach Honig, war aber auch trocken und zeichnete sich durch einen markantes Tropenfrüchte-Aroma aus. Ein perfekter Met für mich.

ZUTATEN

1,5 l Wasser
1¼ kg Honig
0,90 g Kaliumdisulfit
1 TL Hefenährsalz
1 TL Säuremischung (siehe Seite 13)
⅛ TL Tannin

HEFESTARTER

2½ EL Honig
250 ml kochend heißes Wasser
2 TL (1 Päckchen) Champagner-Trockenhefe
⅛ TL Hefenährsalz

1 • Einen Gäreimer (8 l), den Deckel, den Gärspund und einen Rührlöffel sterilisieren.

2 • Das Wasser bei mittlerer Hitze zum Köcheln bringen und den Honig einrühren. Sobald der Honig aufgelöst ist, den Topf vom Herd nehmen. Auf Raumtemperatur abkühlen lassen.

3 • Das Honigwasser in den Gäreimer (8 l) gießen. Mit der Spindel die Ausgangsdichte bestimmen (siehe Brau-Einmaleins, Seite 23). 0,45 g Kaliumdisulfit einrühren. Den Deckel aufsetzen und den Gärspund anbringen. 24 Stunden warten, damit das Kaliumdisulfit den Met sterilisieren kann.

4 • Den Hefestarter 12 Stunden nach Zugabe des Kaliumdisulfits zubereiten. Ein Einmachglas (500 ml) und einen Löffel sterilisieren. 2½ EL Honig in 250 ml kochend heißem Wasser unter Rühren auflösen und im Glas auf Raumtemperatur abkühlen lassen. Die Hefe und ⅛ TL Hefenährsalz zugeben, ein Stück Plastikfolie über die Glasöffnung legen und mit Gummiband befestigen. Das Glas gut schütteln und bis zum Gebrauch stehen lassen. Der Hefestarter sollte Schaum bilden, und winzige Bläschen steigen auf.

5 • Wenn das Honigwasser sterilisiert ist, den Hefestarter mit 1 TL Hefenährsalz, der Säuremischung und dem Tannin zugeben. Kräftig umrühren, damit sich die Hefe verteilt und das Honigwasser mit Sauerstoff angereichert wird. Den Deckel wieder aufsetzen und den Gärspund wieder anbringen. Innerhalb von 48 Stunden sollte sich die aktive Gärung anhand von Bläschen im Gärspund bemerkbar machen.

Fortsetzung

TROCKENER MET, FORTSETZUNG

6 • Den Met 1 Woche gären lassen, täglich mit einem sterilen Löffel umrühren. Dann den Met in einen Gärballon (5 l) zur Nachgärung umfüllen.

7 • Den Gärballon (5 l), den Stopfen, den Weinheber, den Gummizapfen, den Abfüllschlauch und die Schlauchklemme sterilisieren. Den gesamten Met in den Gärballon abziehen. Den Gäreimer gegen Ende hin neigen, um die gesamte Flüssigkeit abzuziehen. Aufhören, sobald die Flüssigkeit im Abfüllschlauch durch den Bodensatz getrübt ist.

8 • Den Gärballon mit dem Stopfen verschließen. Den Gärspund sterilisieren und in den Stopfen des Gärballons setzen. An einem kühlen dunklen Ort 4 Wochen stehen lassen. Den Met in Flaschen abfüllen oder bis zu 6 Monate weiterreifen lassen.

9 • Soll er weiterreifen, empfiehlt es sich, den Met hin und wieder vom Bodensatz abzuziehen. Einen Kochtopf, den Abfüllschlauch, den Weinheber und den Gummizapfen sterilisieren. Den Met in den Kochtopf abziehen. Den Gärballon, den Stopfen und den Gärspund reinigen und sterilisieren, den Met wieder in den Gärballon abziehen. Den Stopfen und den Gärspund anbringen. Dabei können Sie den Met verkosten und die Säure oder die Tannine nach Geschmack einstellen.

10 • Wenn der Met bereit zur Abfüllung ist, einen Kochtopf, den Abfüllschlauch, den Weinheber und den Gummizapfen sterilisieren. Den Met in den Kochtopf abziehen, die restlichen 0,45 g Kaliumdisulfit in den Met einrühren. Den Gärballon, den Stopfen und den Gärspund reinigen und sterilisieren, den Met wieder in den Gärballon abziehen. Den Stopfen und den Gärspund anbringen. Mindestens 24 Stunden mit der Flaschenfüllung warten.

11 • Zur Abfüllung elf 330-ml- oder sieben 500-ml-Flaschen (oder fünf 750-ml-Weinflaschen), Kronkorken (oder Korken), den Abfüllschlauch, den Weinheber, den Gummizapfen, das Abfüllröhrchen und die Spindel sterilisieren. 125 ml Met abziehen und mit der Spindel die Zieldichte bestimmen. Den Met trinken oder wieder in den Gärballon gießen. Den Met in die Flaschen abziehen, Flaschen mit Kronkorken (oder Korken) verschließen und mit Etiketten versehen.

12 • Die Flaschen an einem dunklen kühlen Ort mindestens 2 Wochen oder bis zu 1 Jahr lagern. Gekühlt oder bei Raumtemperatur servieren.

Chai-Met

ERGIBT 4 L
ANGESTREBTE AUSGANGSDICHTE = 1,130–1,135
ANGESTREBTE ZIELDICHTE = 1,025–1,030
ANGESTREBTE VOL.-% = 16 PROZENT

Gewürzter Met hat einen ausgefallenen Namen: Metheglin. Bei dem Gedanken an Honig und Gewürze im Glas bekomme ich automatisch Lust auf eine Tasse warmen Chai. Die würzigen Aromen von Zimt, Kardamom und Gewürznelke eines traditionellen Chai lassen sich wunderbar auf einen Met übertragen. Eine Tasse Chai-Met wärmt die Finger möglicherweise weniger als eine Tasse Chai, sorgt aber dennoch für ein wohliges Gefühl.

ZUTATEN

3,3 l Wasser

1¼ kg Honig

10 Beutel schwarzer Tee oder 2½ EL loser schwarzer Tee

8 Kardamomkapseln

½ TL Pfefferkörner

2 Gewürznelken

2 Zimtstangen

1 Vanilleschote

7,5 cm frische Ingwerwurzel, geschält und gehackt

0,90 g Kaliumdisulfit

1 TL Hefenährsalz

1 TL Säuremischung (siehe Seite 13)

HEFESTARTER

3 EL Honig

250 ml kochend heißes Wasser

1½ EL (½ Röhrchen) flüssige Portwein- oder Sherry-Hefe

⅛ TL Hefenährsalz

1 • Einen Gäreimer (8 l), den Deckel, den Gärspund und den Rührlöffel sterilisieren.

2 • Das Wasser bei mittlerer Hitze zum Köcheln bringen und den Honig einrühren. Sobald der Honig aufgelöst ist, den Topf vom Herd nehmen. Den Tee zugeben und auf Raumtemperatur abkühlen lassen.

3 • Den Ofen auf 180 °C vorheizen. Den Kardamom, die Pfefferkörner, die Gewürznelken und die Zimtstangen in einer Pfanne aus Metall 5 Minuten rösten. Wenn die Gewürze zur Weiterverarbeitung abgekühlt sind, in einen verschließbaren Gefrierbeutel geben und mit einem Nudelholz zerdrücken. Die Vanilleschote längs aufschlitzen und das Mark herauskratzen. Die Gewürze, die Vanilleschote und das Mark sowie den gehackten Ingwer in den Gäreimer (8 l) geben.

4 • Die Teebeutel entfernen (oder den losen Tee abseihen) und das Honigwasser in den Gäreimer gießen. Mit der Spindel die Ausgangsdichte bestimmen (siehe Brau-Einmaleins, Seite 23). 0,45 g Kaliumdisulfit einrühren. Den Deckel aufsetzen und den Gärspund anbringen. 24 Stunden warten, damit das Kaliumdisulfit den Met sterilisieren kann.

5 • Den Hefestarter 12 Stunden nach Zugabe des Kaliumdisulfits zubereiten. Ein Einmachglas (500 ml) und einen Löffel sterilisieren. 3 EL

Fortsetzung

CHAI-MET, FORTSETZUNG

Honig in 250 ml kochend heißem Wasser unter Rühren auflösen und im Glas auf Raumtemperatur abkühlen lassen. Die Hefe und 1/8 TL Hefenährsalz zugeben, ein Stück Plastikfolie über die Glasöffnung legen und mit Gummiband befestigen. Das Glas gut schütteln und bis zum Gebrauch stehen lassen. Der Hefestarter sollte Schaum bilden, und winzige Bläschen steigen an die Oberfläche.

6 • Wenn das Honigwasser sterilisiert ist, den Hefestarter mit 1 TL Hefenährsalz und der Säuremischung zugeben. Kräftig umrühren, damit sich die Hefe verteilt und das Honigwasser mit Sauerstoff angereichert wird. Den Deckel wieder aufsetzen, den Gärspund wieder anbringen. Innerhalb von 48 Stunden sollte sich die aktive Gärung anhand von Bläschen im Gärspund bemerkbar machen.

7 • Den Met 1 Woche gären lassen, täglich mit einem sterilen Löffel umrühren. Dann den Met in einen Gärballon (5 l) umfüllen.

8 • Den Gärballon (5 l), den Stopfen, den Weinheber, den Gummizapfen, den Abfüllschlauch und die Schlauchklemme sterilisieren. Den Met in den Ballon abziehen, die Gewürze im Eimer lassen. Den Eimer gegen Ende hin neigen, um die Flüssigkeit ganz abzuziehen. Aufhören, sobald die Flüssigkeit im Abfüllschlauch durch den Bodensatz getrübt ist.

9 • Den Gärballon mit dem Stopfen verschließen. Den Gärspund sterilisieren und in den Stopfen setzen. An einem kühlen dunklen Ort 4 Wochen stehen lassen. Den Met in Flaschen füllen oder bis zu 6 Monate weiterreifen lassen.

10 • Soll er weiterreifen, empfiehlt es sich, den Met hin und wieder vom Bodensatz abzuziehen. Einen Kochtopf, den Abfüllschlauch, den Weinheber und den Gummizapfen sterilisieren. Den Met in den Topf abziehen. Den Gärballon, den Stopfen und den Gärspund reinigen und sterilisieren, den Met wieder in den Gärballon abziehen. Den Stopfen und den Gärspund anbringen. Dabei können Sie den Met verkosten und die Säure oder die Tannine nach Geschmack einstellen.

11 • Ist der Met bereit zur Abfüllung, einen Kochtopf, den Abfüllschlauch, den Weinheber und den Gummizapfen sterilisieren. Den Met in den Topf abziehen, abermals 0,45 g Kaliumdisulfit in den Met einrühren. Den Gärballon, den Stopfen und den Gärspund reinigen und sterilisieren, den Met wieder in den Ballon abziehen. Den Stopfen und den Spund anbringen. Mindestens 24 Stunden mit der Flaschenfüllung warten.

12 • Zur Abfüllung elf 330-ml- oder sieben 500-ml-Flaschen (oder fünf 750-ml-Weinflaschen), Kronkorken (oder Korken), den Abfüllschlauch, den Weinheber, den Gummizapfen, das Abfüllröhrchen und die Spindel sterilisieren. 250 ml Met abziehen und mit der Spindel die Zieldichte bestimmen. Den Met trinken oder wieder in den Gärballon gießen. Den Met in die Flaschen abziehen, Flaschen mit Kornkorken (oder Korken) verschließen und mit Etiketten versehen.

13 • Die Flaschen an einem dunklen kühlen Ort mindestens 2 Wochen oder bis zu 1 Jahr lagern. Bei Raumtemperatur servieren.

Festlicher Süßmet

ERGIBT 4 L
ANGESTREBTE AUSGANGSDICHTE = 1,140–1,145
ANGESTREBTE ZIELDICHTE = 1,020–1,025
ANGESTREBTE VOL.-% = 19 PROZENT

Dieser überaus süße Met bietet sich als krönender Abschluss eines festlichen Abendessens an. Kredenzen Sie ihn Ihren Gästen in kleinen Trinkgläsern und Sie können das Dessert getrost weglassen.

ZUTATEN

1,5 l Wasser
1,5 kg Honig
0,90 g Kaliumdisulfit
1 TL Hefenährsalz
1 TL Säuremischung (siehe Seite 13)
⅛ TL Tannin

HEFESTARTER

3½ EL Honig
250 ml kochend heißes Wasser
3 EL (1 Röhrchen) flüssige Portwein- oder Sherry-Hefe
⅛ TL Hefenährsalz

1 • Einen Gäreimer (8 l), den Deckel, den Gärspund und den Rührlöffel sterilisieren.

2 • Das Wasser in einem Topf zum Köcheln bringen und den Honig einrühren. Sobald der Honig aufgelöst ist, den Topf vom Herd nehmen. Auf Raumtemperatur abkühlen lassen.

3 • Das Honigwasser in den Gäreimer (8 l) gießen. Mit der Spindel die Ausgangsdichte bestimmen (siehe Brau-Einmaleins, Seite 23). 0,45 g Kaliumdisulfit einrühren. Den Deckel aufsetzen und den Gärspund anbringen. 24 Stunden warten, damit das Kaliumdisulfit den Met sterilisieren kann.

4 • Den Hefestarter 12 Stunden nach Zugabe des Kaliumdisulfits zubereiten. Ein Einmachglas (500 ml) und einen Löffel sterilisieren. 3½ EL Honig in 250 ml kochend heißem Wasser unter Rühren auflösen und im Glas auf Raumtemperatur abkühlen lassen. Die Hefe und ⅛ TL Hefenährsalz zugeben, ein Stück Plastikfolie über die Glasöffnung legen und mit Gummiband befestigen. Das Glas gut schütteln und bis zum Gebrauch stehen lassen. Der Hefestarter sollte Schaum bilden, und winzige Bläschen steigen auf.

5 • Wenn das Honigwasser sterilisiert ist, den Hefestarter mit 1 TL Hefenährsalz, der Säuremischung und dem Tannin zugeben. Kräftig umrühren, damit sich die Hefe verteilt und das Honigwasser mit Sauerstoff angereichert wird. Den Deckel wieder aufsetzen und den Gärspund wieder anbringen. Innerhalb von 48 Stunden sollte sich die aktive Gärung anhand von Bläschen im Gärspund bemerkbar machen.

6 • Den Met 1 Woche gären lassen, täglich mit einem sterilen Löffel umrühren. Dann den Met in einen Gärballon (5 l) zur Nachgärung umfüllen.

7 • Den Gärballon (5 l), den Stopfen, den Weinheber, den Gummizapfen, den Abfüllschlauch und die Schlauchklemme sterilisieren. Den gesamten Met in den Gärballon abziehen. Den Gäreimer gegen Ende hin neigen, um die gesamte Flüssigkeit abzuziehen. Aufhören, sobald die Flüssigkeit im Abfüllschlauch durch den Bodensatz getrübt ist.

8 • Den Gärballon mit dem Stopfen verschließen. Den Gärspund sterilisieren und in den Stopfen des Gärballons setzen. An einem kühlen dunklen Ort 4 Wochen stehen lassen. Den Met in Flaschen abfüllen oder bis zu 6 Monate weiterreifen lassen.

9 • Soll er weiterreifen, empfiehlt es sich, den Met hin und wieder vom Bodensatz abzuziehen. Einen Kochtopf, den Abfüllschlauch, den Weinheber und den Gummizapfen sterilisieren. Den Met in den Kochtopf abziehen. Den Gärballon, den Stopfen und den Gärspund reinigen und sterilisieren, den Met wieder in den Gärballon abziehen. Den Stopfen und den Gärspund anbringen. Dabei können Sie den Met verkosten und die Säure oder die Tannine nach Geschmack einstellen.

10 • Wenn der Met bereit zur Abfüllung ist, einen Kochtopf, den Abfüllschlauch, den Weinheber und den Gummizapfen sterilisieren. Den Met in den Kochtopf abziehen, die restlichen 0,45 g Kaliumdisulfit in den Met einrühren. Den Gärballon, den Stopfen und den Gärspund reinigen und sterilisieren, den Met wieder in den Gärballon abziehen. Den Stopfen und den Gärspund anbringen. Mindestens 24 Stunden mit der Flaschenfüllung warten.

11 • Zur Abfüllung elf 330-ml- oder sieben 500-ml-Flaschen (oder fünf 750-ml-Weinflaschen), Kronkorken (oder Korken), den Abfüllschlauch, den Weinheber, den Gummizapfen, das Abfüllröhrchen und die Spindel sterilisieren. 125 ml Met abziehen und mit der Spindel die Zieldichte bestimmen. Den Met trinken oder wieder in den Gärballon gießen. Den Met in die Flaschen abziehen, Flaschen mit Kronkorken (oder Korken) verschließen und mit Etiketten versehen.

12 • Die Flaschen an einem dunklen kühlen Ort mindestens 2 Wochen oder bis zu 1 Jahr lagern. Bei Raumtemperatur servieren.

Vanille-Pfirsich-Met

ERGIBT 4 L
ANGESTREBTE AUSGANGSDICHTE = 1,085–1,090
ANGESTREBTE ZIELDICHTE = 1,000–1,005
ANGESTREBTE VOL.-% = 12 PROZENT

Met mit Früchten wird eigentlich als Melomel bezeichnet – ein echter Zungenbrecher. Diese Variante schmeckt nach sonnengereiften Pfirsichen mit Honig und einem Hauch Vanille. Lassen Sie diesen Met unbedingt mindestens acht Monate, wenn nicht gar ein Jahr reifen, bevor Sie ihn genießen, ansonsten ist das Geschmackserlebnis nur halb so toll.

ZUTATEN

1¾ kg Pfirsiche
1 Vanilleschote
3,3 l Wasser
1¼ kg Honig
0,90 g Kaliumdisulfit
1 TL Säuremischung (siehe Seite 13)
1 TL Hefenährsalz
½ TL Pektinase
⅛ TL Tannin

HEFESTARTER

2½ EL Honig
250 ml kochend heißes Wasser
2 TL (1 Päckchen) Champagner-Trockenhefe
⅛ TL Hefenährsalz

1 • Einen Gäreimer (8 l), den Deckel, den Gärspund und einen Rührlöffel sterilisieren.

2 • Wasser in einem kleinen Topf stark erhitzen. In mehreren Partien die Pfirsiche darin etwa 1 Minute blanchieren. Mit einem Schaumlöffel herausnehmen und auf einem sauberen Teller beiseitestellen. Das Wasser für die nächste Partie wieder aufkochen. Sind die Pfirsiche kühl genug, die Haut mit einem Schälmesser abziehen. Die Pfirsiche in grobe Stücke schneiden, Haut und Kerne wegwerfen. Die Vanilleschote längs aufschlitzen und das Mark herauskratzen. Das Mark direkt in den Gäreimer (8 l) geben. Die Vanilleschote mit den Pfirsichstücken in ein Leinensäckchen binden und in den Eimer geben.

3 • Das Wasser für den Met bei mittlerer Hitze aufkochen und den Honig einrühren. Sobald er aufgelöst ist, vom Herd nehmen. Auf Raumtemperatur abkühlen lassen.

4 • Das Honigwasser in den Gäreimer (8 l) gießen. Mit einem Kartoffelstampfer oder sauberen Händen das eingetauchte Säckchen flachpressen, sodass möglichst viel Saft entweicht. Mit der Spindel die Ausgangsdichte bestimmen (siehe Brau-Einmaleins, Seite 23). 0,45 g Kaliumdisulfit einrühren. Den Deckel aufsetzen und den Gärspund anbringen. 24 Stunden warten, damit das Kaliumdisulfit den Met sterilisieren kann.

5 • Den Hefestarter 12 Stunden nach Zugabe des Kaliumdisulfits zubereiten. Ein Einmachglas (500 ml) und einen Löffel sterilisieren. 2½ EL Honig in 250 ml kochend heißem Wasser unter Rühren auflösen und im Glas auf

Raumtemperatur abkühlen lassen. Die Hefe und 1/8 TL Hefenährsalz zugeben, ein Stück Plastikfolie über die Glasöffnung legen und mit Gummiband befestigen. Das Glas gut schütteln und bis zum Gebrauch stehen lassen. Der Hefestarter sollte Schaum bilden, und winzige Bläschen steigen an die Oberfläche.

6 • Nachdem das Honigwasser sterilisiert ist, den Hefestarter mit der Säuremischung, 1 TL Hefenährsalz, der Pektinase und dem Tannin hineingießen. Kräftig umrühren, damit sich die Hefe verteilt und das Honigwasser mit Sauerstoff angereichert wird. Den Deckel wieder aufsetzen und den Gärspund anbringen. Innerhalb von 48 Stunden sollte sich die aktive Gärung anhand von Bläschen im Gärspund bemerkbar machen.

7 • Den Met 1 Woche gären lassen, täglich mit einem sterilen Löffel umrühren. Dann in einen Gärballon (5 l) umfüllen.

8 • Einen Gärballon (5 l), den Stopfen, ein Sieb, einen Trichter,ein Saft- oder Käsetuch und einen Rührlöffel mit langem Griff sterilisieren. Das Säckchen mit sauberen Händen behutsam zusammenpressen, damit möglichst viel Flüssigkeit entweicht. Den Trichter auf den Ballon setzen und mit dem Tuch auslegen. Langsam den Met in den Ballon füllen und dabei die Feststoffe herausfiltern. Bei Bedarf den Bodensatz, der sich im Trichter sammelt, mit dem Löffel aufrühren. Den Ballon mit dem Stopfen verschließen und den Gärspund anbringen.

9 • Den Met an einem kühlen Ort 4 Wochen stehen lassen. Dann in Flaschen füllen oder bis zu 6 Monate weiterreifen lassen.

10 • Soll er weiterreifen, empfiehlt es sich, den Met hin und wieder vom Bodensatz abzuziehen. Einen Kochtopf, den Abfüllschlauch, den Weinheber und den Gummizapfen sterilisieren. Den Met in den Kochtopf abziehen. Den Gärballon, den Stopfen und den Gärspund reinigen und sterilisieren und den Met wieder in den Gärballon abziehen. Den Stopfen und den Gärspund anbringen. Dabei können Sie den Met verkosten und die Säure oder die Tannine nach Geschmack einstellen.

11 • Ist der Met bereit zur Abfüllung, einen Kochtopf, den Abfüllschlauch, den Weinheber und den Gummizapfen sterilisieren. Den Met in den Kochtopf abziehen, die restlichen 0,45 g Kaliumdisulfit in den Met einrühren. Den Gärballon, den Stopfen und den Gärspund reinigen und sterilisieren und den Met wieder in den Gärballon abziehen. Den Stopfen und den Gärspund anbringen. Mindestens 24 Stunden mit der Flaschenfüllung warten.

12 • Zur Abfüllung elf 330-ml- oder sieben 500-ml-Flaschen (oder fünf 750-ml Weinflaschen), Kronkorken (oder Korken), den Abfüllschlauch, den Weinheber, den Gummizapfen, das Abfüllröhrchen und die Spindel sterilisieren. 250 ml Met abziehen und mit der Spindel die Zieldichte bestimmen. Den Met trinken oder wieder in den Gärballon gießen. Den Met in die Flaschen abziehen, Flaschen mit Kornkorken (oder Korken) verschließen und mit Etiketten versehen.

13 • Die Flaschen an einem dunklen kühlen Ort 8 Monate oder bis zu 1 Jahr lagern. Gekühlt oder bei Raumtemperatur servieren.

Cranberry-Met

ERGIBT 4 L
ANGESTREBTE AUSGANGSDICHTE = 1,100–1,105
ANGESTREBTE ZIELDICHTE = 1,000–1,005
ANGESTREBTE VOL.-% = 14 PROZENT

Bereiten Sie diesen Cranberry-Met in größeren Mengen zu und verstauen Sie ihn dann im hintersten Winkel Ihrer Speisekammer. Verbannen Sie ihn dann etwa zwölf Monate aus Ihrem Gedächtnis und holen Sie ihn für ein festliches Abendessen im Kreise der Familie wieder hervor. Das Geschmackserlebnis ist die lange Wartezeit allemal wert.

ZUTATEN

3,3 l Wasser
1¼ kg Honig
675 g Cranberrys
0,90 g Kaliumdisulfit
1 TL Säuremischung (siehe Seite 13)
1 TL Hefenährsalz
½ TL Pektinase

HEFESTARTER

3 EL Honig
250 ml kochend heißes Wasser
1½ EL (½ Röhrchen) flüssige Portwein- oder Sherry-Hefe
⅛ TL Hefenährsalz

1 • Einen Gäreimer (8 l), den Deckel, den Gärspund und einen Rührlöffel sterilisieren.

2 • Das Wasser bei mittlerer Hitze in einem Topf aufkochen und den Honig einrühren. Sobald der Honig aufgelöst ist, den Topf vom Herd nehmen. Auf Raumtemperatur abkühlen lassen.

3 • Das Honigwasser in den Gäreimer (8 l) gießen. Die Cranberrys grob hacken, in ein Leinensäckchen binden und in das Honigwasser geben. Mit einem Kartoffelstampfer oder sauberen Händen das eingetauchte Säckchen flachpressen, sodass möglichst viel Saft entweicht. Mit der Spindel die Ausgangsdichte bestimmen (siehe Brau-Einmaleins, Seite 23). 0,45 g Kaliumdisulfit einrühren. Den Deckel aufsetzen und den Gärspund anbringen. 24 Stunden warten, damit das Kaliumdisulfit den Met sterilisieren kann.

4 • Den Hefestarter 12 Stunden nach Zugabe des Kaliumdisulfits zubereiten. Ein Einmachglas (500 ml) und einen Löffel sterilisieren. 3 EL Honig in 250 ml kochend heißem Wasser unter Rühren auflösen und im Glas auf Raumtemperatur abkühlen lassen. Die Hefe und ⅛ TL Hefenährsalz zugeben, ein Stück Plastikfolie über die Glasöffnung legen und mit Gummiband befestigen. Das Glas gut schütteln und bis zum Gebrauch stehen lassen. Der Hefestarter sollte Schaum bilden und winzige Bläschen steigen auf.

5 • Ist das Honigwasser steril, den Hefestarter mit der Säuremischung, 1 TL Hefenährsalz und der Pektinase zugeben. Kräftig umrühren, damit sich die Hefe verteilt und das Honigwasser mit Sauerstoff angereichert wird. Den Deckel wieder aufsetzen und den Gärspund anbringen. Innerhalb von 48 Stunden sollte sich die aktive Gärung anhand von Bläschen im Spund bemerkbar machen.

6 • Den Met 1 Woche gären lassen, täglich mit einem sterilen Löffel umrühren. Dann kann der Met in einen Gärballon (5 l) zur Nachgärung umgefüllt werden.

7 • Den Gärballon (5 l), den Stopfen, den Weinheber, den Gummizapfen, den Abfüllschlauch und die Schlauchklemme sterilisieren. Das Säckchen entfernen und die Cranberrys wegwerfen, dann den gesamten Met in den Gärballon abziehen. Den Eimer gegen Ende hin neigen, um die gesamte Flüssigkeit abzuziehen. Aufhören, sobald die Flüssigkeit im Abfüllschlauch durch den Bodensatz getrübt ist.

8 • Den Ballon mit dem Stopfen verschließen. Den Gärspund sterilisieren und in den Stopfen setzen. An einem kühlen dunklen Ort 4 Wochen lagern. Den Met in Flaschen abfüllen oder bis zu 6 Monate weiterreifen lassen.

9 • Soll er weiterreifen, empfiehlt es sich, den Met hin und wieder vom Bodensatz abzuziehen. Einen Kochtopf, den Abfüllschlauch, den Weinheber und den Gummizapfen sterilisieren. Den Met in den Kochtopf abziehen. Den Gärballon, den Stopfen und den Gärspund reinigen und sterilisieren, den Met wieder in den Gärballon abziehen. Den Stopfen und den Gärspund anbringen. Dabei können Sie den Met verkosten und die Säure oder die Tannine nach Geschmack einstellen.

10 • Ist der Met bereit zur Abfüllung, einen Kochtopf, den Abfüllschlauch, den Weinheber und den Gummizapfen sterilisieren. Den Met in den Topf abziehen, die restlichen 0,45 g Kaliumdisulfit in den Met einrühren. Den Ballon, den Stopfen und den Spund reinigen und

sterilisieren, den Met wieder in den Ballon abziehen. Den Stopfen und den Spund anbringen. Mindestens 24 Stunden mit der Flaschenfüllung warten.

11 • Zur Abfüllung elf 330-ml- oder sieben 500-ml-Flaschen (oder fünf 750-ml-Weinflaschen), Kronkorken (oder Korken), den Abfüllschlauch, den Weinheber, den Gummizapfen, das Abfüllröhrchen und die Spindel sterilisieren. 125 ml Met abziehen und mit der Spindel die Zieldichte bestimmen. Den Met trinken oder wieder in den Gärballon gießen. Den Met in die Flaschen abziehen, Flaschen mit Kornkorken (oder Korken) verschließen und mit Etiketten versehen.

12 • Die Flaschen an einem dunklen kühlen Ort mindestens 2 Wochen oder bis zu 1 Jahr lagern. Bei Raumtemperatur servieren.

KAPITEL 7

Sake

EXPERTEN IM GESPRÄCH: GREG LORENZ

Wie haben Sie Ihre Leidenschaft fürs Sake-Brauen entdeckt?

Ich bin eigentlich Labortechniker mit einem Abschluss in Pflanzenbiologie. Da es in den USA nicht allzu viele Sake-Brauer gibt, hatte ich das Glück, zu einem Vorstellungsgespräch bei SakéOne eingeladen zu werden. Die Verfahren hier erinnern stark an Laborverfahren und meiner Meinung nach ist die ganze Brauerei ein einziges großes Labor.

Was ist der heikelste Teil am Sake-Brauen?

Das Brauen ist eine knifflige Angelegenheit, da man die Hefe oder den Koji-Schimmelpilz selbst nicht wirklich sehen kann, sondern nur das, was sie produzieren. Ich kann keinen Blick auf die einzelnen Fasern von Koji-Reis werfen, sondern nur die Wärme sehen, die er produziert, und daraus Rückschlüsse auf die eigentlichen Vorgänge im Reis ziehen. Das ist gar nicht mal so einfach.

Was sind Ihre Inspirationsquellen?

Für mich ist das Sakebrauen ein Zusammenspiel mit der Natur. Ich beobachte, wie zwei verschiedene natürliche Organismen im Laufe der Zeit miteinander interagieren. Ich lebe mit ihnen, sehe ihre Reaktionen, erkenne eine Nuance, die zunächst unbedeutend erscheint, aber dann ein wirklich angenehmes Geschmacksprofil ergibt. Mich fasziniert es, diese lebenden Organismen ganz nah zu beobachten und zu sehen, wie sich ihre Umgebung im Geschmack widerspiegelt.

Wie lässt sich der Geschmack von Sake verändern?

Jedes Detail kann so verändert werden, dass es eine andere Wirkung erzielt. Sake besteht aus lediglich vier Zutaten: Reis, Koji-Schimmelpilz, Hefe und Wasser. Wird auch nur eine von ihnen verändert, wirkt sich das auf den Geschmack des gesamten Sake aus. Man denke nur, welche Möglichkeiten sich daraus ergeben.

Irgendwelche Tipps und Tricks für Selbstbrauer?

Kontrollieren Sie so gut wie möglich die Umgebung. Schon geringste Temperaturschwankungen machen einen großen Unterschied. Am besten Sie legen sich einen billigen Kühlschrank zu oder basteln sich einen anderen Behelf, mit dem sich die Temperatur des Braubehälters überwachen lässt. Beim Brauen von Sake muss man sich schon etwas ins Zeug legen. Wer meint, Sakebrauen sei eine Wochenendbeschäftigung, wird wohl enttäuscht werden. Wer sich aber von der Begeisterung für Sake mitreißen lässt, der wird gewiss auf seine Kosten kommen.

Greg Lorenz ist Braumeister von SakéOne in Forest Grove, Oregon.

Grundrezept Sake Nr. 1 (leicht)

ERGIBT 4 L

Sake wird aus dem speziellen Koji-Reis und Hefe hergestellt. Dieser Reis wurde mit einem speziellen Schimmelpilz geimpft. Die Enzyme, die der Pilz produziert, spalten die Reisstärke in vergärbaren Zucker auf. Dieser Zucker wiederum ist die Nahrung für die Hefe. Selbstgebrauter Sake hat einen stärkeren, fruchtigeren und manchmal herberen Geschmack als kommerzieller Sake, der in einer viel kontrollierteren Umgebung entsteht und meist vor der Flaschenfüllung stark gefiltert wird. Selbstgebrauter Sake ist anders, aber dennoch faszinierend. Ich empfehle, selbstgebrauten Sake immer gekühlt zu servieren.

ZUTATEN

2¼ kg Sake-Reis, Rundkornreis oder Mittelkornreis für Sushi

600 g Koji-Reis (Seite 148, oder siehe Bezugsquellen, Seite 178)

4 l Wasser

½ TL Säuremischung (siehe Seite 13)

1 TL Hefenährsalz

1½ EL (½ Röhrchen) flüssige Sake- oder Lager-Hefe oder 2 TL (1 Päckchen) Trockenhefe für Weißwein

ZUBEHÖR

Gäreimer (8 l) mit Deckel

Gärspund

Messbecher und Löffel

Rührlöffel mit langem Griff

Großes feinmaschiges Sieb

Safttuch

Kochtopf

Gärballon (5 l)

Stopfen

Trichter

Weinheber und Gummizapfen

Abfüllschlauch

Schlauchklemme

Abfüllröhrchen

11 Flaschen (330 ml), 7 Flaschen (500 ml) oder 5 Weinflaschen (750 ml)

Kronkorken oder Weinkorken

Kronkorken-Verschließer oder Weinverkorker

1 • Den Gäreimer (8 l), den Deckel, einen Rührlöffel mit langem Griff und den Gärspund sterilisieren.

2 • Den Reis wie auf Seite 142 beschrieben einweichen, dämpfen und abkühlen lassen.

3 • Den gedämpften Reis, den Koji-Reis, das Wasser, die Säuremischung, das Hefenährsalz und die Hefe in den Gäreimer füllen. Wird der Reis nach und nach gedämpft, alles mit der ersten Partie Reis in den Gäreimer geben und den restlichen Reis erst hinzufügen, wenn er abgekühlt ist.

4 • Den Deckel aufsetzen und den Gärspund anbringen. Den Sake an einem kühlen dunklen Ort idealerweise bei rund 13 °C lagern. Höhere Temperaturen bewirken einen stärkeren Geschmack. Binnen 48 Stunden sollte sich die aktive Gärung anhand von Bläschen im Spund bemerkbar machen.

5 • Den Sake 2 Wochen gären lassen, täglich mit einem sterilen Löffel umrühren. Danach sind die süßen und sauren Aromen meist schön ausgewogen. Sie können die Gärung nun beenden oder den Sake 1–2 Wochen weitergären lassen. Der Sake wird allmählich weniger süß und dafür saurer.

6 • Um den Sake abzufüllen, ein Sieb, ein Safttuch, einen Kochtopf, einen Trichter, einen Gärballon (5 l) und den Stopfen sterilisieren.

7 • Den Sake durch das Sieb in den Topf gießen. Alle Reisteilchen wegwerfen. Den Trichter auf den Ballon (5 l) setzen und mit dem Safttuch auslegen. Den Sake in den Ballon abseihen. Aufgrund des Reis-Bodensatzes kann dies einige Stunden dauern. Die Flüssigkeit im Trichter öfter umrühren, damit sich der Bodensatz nicht verfestigt und das Abseihen verzögert. Bei Verstopfungen das Safttuch ausspülen, sterilisieren und wieder einlegen.

8 • Den Topf reinigen. Den offenen Gärballon hineinstellen und den Topf mit Wasser füllen, bis es auf gleicher Höhe mit dem Sake ist. Den Sake auf 60 °C erwärmen. Dadurch wird er pasteurisiert und die Tätigkeit des Koji-Reises und der Hefe gestoppt (der Alkoholgehalt bleibt davon unberührt). Den Sake abkühlen lassen.

9 • Für einen trüben Sake (»Nigori«) elf 330-ml- oder sieben 500-ml-Flaschen (oder fünf 750-ml-Weinflaschen), Kronkorken (oder Korken), den Abfüllschlauch, den Weinheber, den Gummizapfen und das Abfüllröhrchen sterilisieren. Den Gärballon schütteln, damit der Bodensatz während der Flaschenfüllung vollkommen im Sake schwebt. Den Sake in Flaschen abziehen, dabei den Gärballon immer wieder schütteln, wenn sich der Bodensatz absetzt. Die Flaschen verkorken und mit Etiketten versehen. Nun ist der Sake trinkfertig, er kann aber auch bis zu 1 Jahr weiterreifen. Die Flasche vor dem Genuss schütteln und den Sake gekühlt servieren.

10 • Für einen klaren Sake den Stopfen und den Gärspund sterilisieren und auf dem Gärballon mit dem pasteurisierten und abgekühlten Sake anbringen. Den Sake an einem kühlen dunklen Ort mehrere Tage lagern. Während dieser Zeit setzen sich die restlichen Reis-Trübstoffe am Boden des Gärballons ab.

11 • Zum Abfüllen elf 330-ml- oder sieben 500-ml-Flaschen (oder fünf 750-ml-Weinflaschen), Kronkorken (oder Korken), den Abfüllschlauch, den Weinheber, den Gummizapfen und das Abfüllröhrchen sterilisieren. Den Sake in die Flaschen abziehen, dabei den Gummizapfen des Weinhebers ein wenig oberhalb des Bodensatzes halten. Die Flaschen verkorken und mit Etiketten versehen.

12 • Die Flaschen an einem dunklen kühlen Ort mindestens 2 Wochen oder bis zu 1 Jahr lagern. Gekühlt servieren.

DIE REISZUBEREITUNG FÜR DEN SAKE

Diese Methode dient zur Reiszubereitung für alle Sake-Rezepte.

Den Reis mehrmals mit kaltem Wasser abspülen, um möglichst viel Stärke zu entfernen. Das Spülwasser wird zunächst sehr trüb sein und dann allmählich klarer werden. Das Wasser darf zum Schluss noch leicht trüb sein.

Den Reis in kaltes Wasser einweichen: 1 Stunde für Sake-Reis und 2 Stunden für Rundkorn- oder Mittelkornreis. Den Reis in ein Sieb schütten und 1 Stunde abtropfen lassen.

3–5 cm Wasser in einem Kochtopf bei geringer Hitze zum Köcheln bringen. Ein großes Sieb mit einem Safttuch auslegen, die Enden am Rand herabhängen lassen. Den Reis in das Sieb geben und die Enden des Tuchs über dem Reis zu einem hübschen Päckchen zusammenschlagen. Das Sieb mit dem Reis über dem Kochtopf platzieren und mit einem Deckel zudecken. Hat im Sieb nicht der gesamte Reis Platz, arbeiten Sie in mehreren Partien. (Alternativ können Sie den Reis in einem Bambusdämpfer dämpfen. Verwenden Sie keinen Reiskocher.)

Den Reis zugedeckt 40–50 Minuten dämpfen. Alle 15 Minuten den Reis gut durchmischen und eventuell vom Boden lösen. Der fertige Reis hat ein anderes Aussehen und eine andere Konsistenz als der Reis, den wir normalerweise essen. Sake-Reis ist durchsichtig, sehr hart zu kauen und fühlt sich gummiartig (aber nicht besonders klebrig oder breiig) an. Achten Sie darauf, dass Sie ihn nicht zu stark dämpfen. Es ist generell besser, den Reis zu wenig als zu viel zu dämpfen.

Den Reis im Päckchen auf eine flache Arbeitsfläche legen und zum Abkühlen ausbreiten. Wenn er sich gerade noch warm anfühlt, ist er bereit für die Weiterverarbeitung.

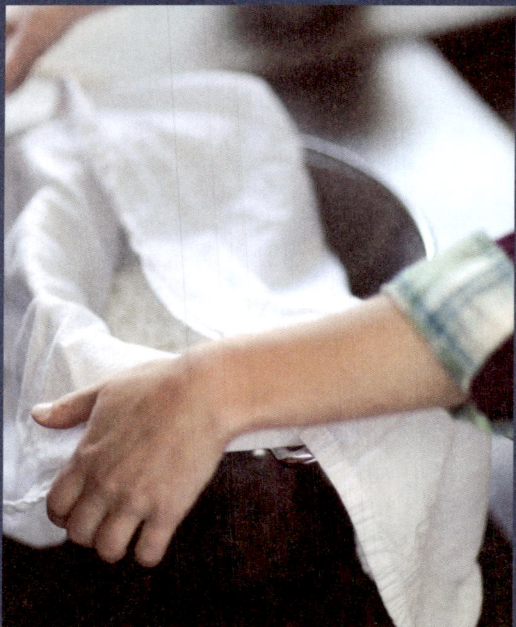

Grundrezept Sake Nr. 2 (anspruchsvoll)

ERGIBT 4 L

Bei diesem anspruchsvolleren Sake-Rezept werden Koji-Reis, Wasser und Reis behutsam in kleinen Dosen hinzugefügt und die ersten Brauphasen erstrecken sich über mehrere Tage. Die Hefe wird nach und nach genährt, wodurch sie stärker wird und zugleich die Gärung verlangsamt wird. Die Hefe bekommt ihre Nahrung sozusagen in mehreren kleinen Happen anstatt in einem großen Festmahl. Das Ergebnis ist ein reinerer, vielfältigerer Geschmack.

An dieser Stelle möchte ich Fred Eckhardt danken, der wahre Pionierarbeit auf dem Gebiet des Selbstbrauens von Sake geleistet hat. Er hat als einer der ersten traditionelle japanische Sake-Braumethoden zum Selbstbrauen aufbereitet. Um die Sake-Braukunst einem breiteren Publikum näher zu bringen, bin ich bei meinem Rezept ein wenig von Eckhardts Anleitung und von den strengen japanischen Methoden abgewichen.

ZUTATEN INSGESAMT

2¼ kg Sake-Reis, Rundkornreis oder Mittelkornreis für Sushi

600 g Koji-Reis (Seite 148, oder siehe Bezugsquellen, Seite 178)

4 l Wasser

½ TL Säuremischung (siehe Seite 13)

1 TL Hefenährsalz

1½ EL (½ Röhrchen) flüssige Sake- oder Lager-Hefe, oder 2 Teelöffel (1 Päckchen) Trockenhefe für Weißwein

ZUBEHÖR

Einmachglas (2 l)

Gäreimer (8 l) mit Deckel

Gärspund

Messbecher und Löffel

Rührlöffel mit langem Griff

Kochtopf

Großes feinmaschiges Sieb

Safttuch

Gärballon (5 l)

Stopfen

Weinheber und Gummizapfen

Abfüllschlauch

Schlauchklemme

Abfüllröhrchen

11 Flaschen (330 ml), 5 Flaschen (500 ml) oder 5 Weinflaschen (750 ml)

Kronkorken oder Weinkorken

Kronkorken-Verschließer oder Weinverkorker

TAG 1

180 g Rundkornreis

60 g Koji-Reis

300 ml Wasser

½ TL Säuremischung (siehe Seite 13)

1 TL Hefenährsalz

1½ EL (½ Röhrchen) Sake- oder Lager-Hefe, oder 2 TL (1 Päckchen) Weißwein-Hefe

1 • Ein Einmachglas (2 l), einen Gäreimer (8 l), den Deckel und einen Gärspund sterilisieren.

Fortsetzung

GRUNDREZEPT SAKE NR. 2 (ANSPRUCHSVOLL), FORTSETZUNG

2 • Den Reis wie auf Seite 142 beschrieben einweichen, dämpfen und abkühlen lassen. Den gedämpften Reis, den Koji-Reis, das Wasser, die Säuremischung, das Hefenährsalz und die Hefe im Einmachglas vermischen, ein Stück Plastikfolie über die Glasöffnung legen und mit Gummiband befestigen. Das Glas in den Gäreimer stellen, den Deckel aufsetzen und den Gärspund anbringen. Die Reismaische nach 12 Stunden mit einem sterilen Löffel umrühren.

TAG 2 BIS 6

3 • Die Reismaische täglich mit einem sterilen Löffel umrühren. Der Reis wird aufquillen und die Maische schwer umzurühren sein. Sie bekommt eine breiähnliche Konsistenz und bildet immer mehr Blasen. Die Maische auf einer konstanten Raumtemperatur von 24 °C halten.

TAG 7
100 g Koji-Reis
350 ml Wasser
300 g Rundkornreis

4 • Den Koji-Reis und das Wasser zur Reismaische geben. (Da der Koji-Reis vor dem Reis hinzugefügt wird, kann er bereits zu gären beginnen, bevor der neue Reis zugefügt wird.)

5 • Den Reis wie auf Seite 142 beschrieben einweichen, dämpfen und abkühlen lassen. Diesen Reis in die Maische rühren. Wenn das Einmachglas zu klein ist, die Maische in den sterilisierten Gäreimer füllen. Die Maische an einem kühlen Ort idealerweise bei rund 13 °C lagern. Höhere Temperaturen bewirken einen stärkeren Geschmack.

TAG 8 BIS 9

6 • Die Maische täglich mit einem sterilen Löffel umrühren.

TAG 10
170 g Koji-Reis
1 l Wasser
675 g Rundkornreis

7 • Den Koji-Reis und das Wasser zur Reismaische geben.

8 • Den Reis wie auf Seite 142 beschrieben einweichen, dämpfen und abkühlen lassen. Die Maische in den sterilen Gäreimer (8 l) gießen, falls dies nicht bereits zuvor erfolgt ist. Diesen gedämpften Reis einrühren. Die Maische weiterhin an einem kühlen Ort idealerweise bei rund 13 °C lagern.

TAG 11
270 g Koji-Reis
2 l Wasser
1¼ kg Rundkornreis

9 • Den Koji-Reis und das Wasser zur Reismaische geben.

10 • Den Reis wie auf Seite 142 beschrieben einweichen, dämpfen und abkühlen lassen. Diesen gedämpften Reis in die Maische einrühren. Nun wurden alle Zutaten hinzugefügt.

IN DEN FOLGENDEN 2 WOCHEN

11 • Eine kühle Gärtemperatur, idealerweise 13 °C, beibehalten. Die Maische täglich mit einem sterilen Löffel umrühren.

DER ALKOHOLGEHALT VON SAKE

Da der Koji-Reis (Zuckerproduzent) und die Hefe (Zuckerverwerter) Seite an Seite arbeiten, ist der endgültige Alkoholgehalt von Sake schwer abschätzbar. Selbstgebraute Reisweine haben nach der Gärung meist 18–20 Vol.-%.

12 • Nach 2 Wochen machen sich Anzeichen einer aktiven Gärung bemerkbar. Nun sind die süßen und sauren Aromen für gewöhnlich schön ausgewogen. Sie können die Gärung nun beenden oder den Sake 1–2 Wochen weitergären lassen. Der Sake wird allmählich weniger süß und dafür saurer.

FERTIGSTELLUNG

13 • Sieb, Safttuch, Topf, Trichter, Ballon (5 l) und Stopfen sterilisieren.

14 • Den Sake durch das Sieb in den Topf gießen. Alle Reisteilchen wegwerfen. Den Trichter auf den Gärballon (5 l) setzen und mit dem Safttuch auslegen. Den Sake in den Gärballon seihen. Aufgrund des Reis-Bodensatzes kann das einige Stunden dauern. Die Flüssigkeit im Trichter öfter umrühren, damit sich der Bodensatz nicht verfestigt und das Abseihen verzögert. Bei Verstopfungen das Safttuch ausspülen, sterilisieren und wieder einlegen.

15 • Den Topf reinigen. Den offenen Ballon hineinstellen und den Topf mit Wasser füllen, bis es auf gleicher Höhe mit dem Sake ist. Den Sake auf 60 °C erwärmen. Dadurch wird er pasteurisiert und die Tätigkeit des Koji-Reises und der Hefe gestoppt (der Alkoholgehalt bleibt gleich). Den Sake abkühlen lassen.

16 • Für einen trüben Sake elf 330-ml- oder sieben 500-ml-Flaschen (oder fünf 750-ml-Weinflaschen), Kronkorken (oder Korken), den Abfüllschlauch, den Weinheber, den Gummizapfen und das Abfüllröhrchen sterilisieren. Den Ballon schütteln, damit der Bodensatz bei der Abfüllung ganz im Sake schwebt. Den Sake in die Flaschen abziehen. Den Ballon schütteln, sobald sich der Bodensatz absetzt. Flaschen verkorken und etikettieren. Nun ist der Sake trinkfertig, kann aber auch bis zu 1 Jahr weiterreifen. Flasche vor Genuss schütteln, den Sake gekühlt oder bei Raumtemperatur servieren.

17 • Für einen klaren Sake den Stopfen und den Gärspund sterilisieren und auf dem Gärballon mit dem pasteurisierten und abgekühlten Sake anbringen. Den Sake an einem kühlen dunklen Ort mehrere Tage lagern. Während dieser Zeit setzen sich die restlichen Reis-Trübstoffe am Boden des Gärballons ab.

18 • Zum Abfüllen elf 330-ml- oder sieben 500-ml-Flaschen (oder fünf 750-ml-Weinflaschen), Kronkorken (oder Korken), den Abfüllschlauch, den Weinheber, den Gummizapfen und das Abfüllröhrchen sterilisieren. Den Sake in sterile Flaschen abziehen, dabei den Gummizapfen des Weinhebers ein wenig oberhalb des Bodensatzes halten. Die Flaschen verkorken und mit Etiketten versehen.

19 • Die Flaschen an einem dunklen kühlen Ort mindestens 2 Wochen oder bis zu 1 Jahr lagern. Gekühlt servieren.

KOJI-REIS

ERGIBT 600 G KOJI-REIS, GENUG FÜR 4 L SAKE (KANN VERDOPPELT WERDEN)

Die Herstellung von Koji-Reis ist eine heikle Angelegenheit. Sie erfordert Durchhaltevermögen und Muskelschmalz, ist aber durchaus zu Hause in der Küche zu bewerkstelligen. Optimal wäre es, sich einen Behälter zurechtzubasteln, bei dem Sie die Temperatur des Reises kontrollieren können, während sich der Schimmelpilz vermehrt. Wenn Sie es lieber weniger technisch haben, können Sie ebenso gut den Reisbehälter mit Handtüchern umwickeln und in einer Kühlbox mit heißen Wasserflaschen lagern. (Einfacher geht es natürlich mit fertigem Koji-Reis; siehe Bezugsquellen Seite 178.)

ZUTATEN

500 g Sake-Reis, Rundkornreis oder Mittelkornreis für Sushi

½ TL Mehl oder Maisstärke

1 TL Koji-Schimmelpilzkultur

ZUBEHÖR

Kleines feinmaschiges Plastiksieb

Saft- oder Käsetuch

Großer Plastik- oder Glasbehälter mit Deckel

Mehrere Glasflaschen mit Verschluss oder Wärmeflaschen

Handtuch

1 • Den Reis wie auf Seite 142 beschrieben einweichen, dämpfen und abkühlen lassen.

2 • In der Zwischenzeit das Mehl oder die Maisstärke in einer kleinen Pfanne 1 Minute bei mittlerer Hitze anrösten. Dadurch werden Wildhefen im Mehl abgetötet, die den Koji-Reis kontaminieren könnten. Das Mehl hilft, die Koji-Schimmelpilzkultur gleichmäßiger auf dem Reis zu verteilen.

3 • Wenn sich der Reis gerade noch warm anfühlt, das geröstete Mehl und den Pilz untermischen. Mit einem feinmaschigen Sieb etwa ein Drittel des Pulvers über den Reis stäuben. Den Reis leicht mit den Händen vermischen. Das restliche Pulver in zwei weiteren Partien zugeben, dazwischen den Reis umrühren.

4 • Den geimpften Reis in der Mitte des Safttuchs, das zum Dämpfen verwendet wurde, aufhäufen, und das Tuch in einen Behälter heben, in dem der Reis gut Platz hat. Die Ecken des Tuchs zusammenschlagen und den Deckel auflegen. Den Behälter nicht ganz verschließen, da Luft eindringen soll.

5 • Den Behälter mit dem Reis in ein sauberes Handtuch einwickeln und in einen luftdicht verschließbaren Behälter wie eine Kühlbox oder auch die Mikrowelle stellen. Glas- oder Wärmeflaschen mit sehr heißem Wasser füllen, verschließen und zwischen das Handtuch stecken. Die heißen Wasserflaschen alle paar Stunden wechseln.

6 • Die nächsten 24 Stunden muss der Reis warm und feucht gehalten werden. Die Idealtemperatur für Koji-Reis beträgt rund 35 °C, wobei sich der Schimmelpilz auch noch bei

geringeren Temperaturen von bis zu 32 °C verbreitet und bei Temperaturen über 40 °C zu leiden beginnt. Dieser Temperaturbereich ist nicht nur ideal für das Wachstum des Pilzes, sondern sorgt auch für die besten Enzyme beim späteren Sake-Brauen.

7 • Alle 12 Stunden den Reis aus dem Behälter nehmen und das Stoffbündel öffnen, um den Reis zu kontrollieren. Den Reis mit sauberen Händen durchmischen und wieder in den Behälter geben.

8 • Nach 24 Stunden sollten sich ein weißer Flaum auf den Körnern und ein muffiger käseähnlicher Geruch bemerkbar machen. Die Körner nehmen allmählich einen süßen Geschmack an. Der Koji-Schimmelpilz beginnt auf dem Reis zu wachsen und wandelt die Reisstärke in Zucker um. Der Reis beginnt auch, selbst Wärme zu erzeugen. Daher die Wasserflaschen entfernen und die Temperatur genau im Auge behalten, damit sie nicht 40 °C überschreitet. Bei Bedarf den Reis öfter durchmischen, damit er abkühlt und die Temperatur konstant bleibt.

9 • 40–54 Stunden nach der Impfung mit dem Schimmelpilz ist der Koji-Reis fertig. Der Reis ist einsatzbereit, wenn der weiße Flaum die Körner einheitlich überzieht und sich bis zum Zentrum des Korns vorgefressen hat. Dies lässt sich überprüfen, indem man ein Korn entzweibricht und nachsieht, wie weit das Weiß bis zur Mitte hin vorgedrungen ist. Färben sich die Körner braun oder grün, ist das ein Zeichen, dass die nächste Phase der Sporenbildung eingesetzt hat; sie sind noch verwendbar, sollten aber sofort abgekühlt und in den Kühlschrank gestellt werden.

10 • Den fertigen Koji-Reis auf einem Backblech zum Abkühlen ausbreiten, dann in einem verschlossenen Behälter bis zu 2 Wochen im Kühlschrank oder bis zu 3 Monate im Gefrierfach aufbewahren.

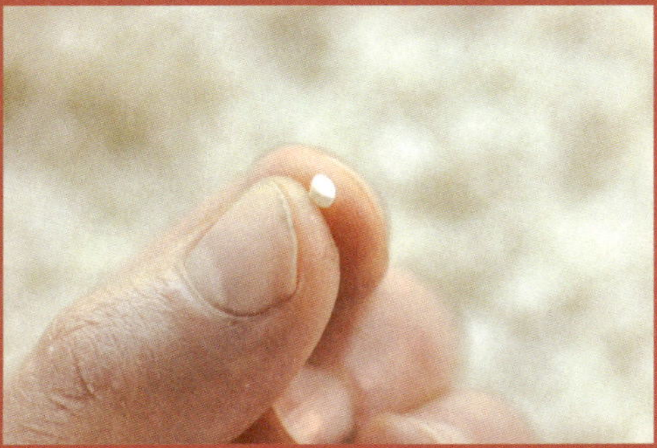

Kirschsake

ERGIBT 4 L

Das ist wahrscheinlich der schönste Sake, den Sie jemals trinken werden. Nigori ist ein ungefilterter »trüber« Sake. Er heißt so, weil der im Sake verbleibende Reis-Trübstoff den Sake milchig weiß färbt – oder im Falle dieses süßen Kirschsake eben im Zartrosa der Kirschblüten. Da sich mit der Zeit Bodensatz absetzt, müssen Sie die Flasche vor dem Servieren kurz schütteln – wie eine Schneekugel.

675g frische oder tiefgefrorene Süßkirschen

4l Wasser

0,45g Kaliumdisulfit

2¼ kg Rundkornreis

600g Koji-Reis (siehe Seite 148, oder siehe Bezugsquellen, Seite 178)

1 TL Hefenährsalz

½ TL Säuremischung (siehe Seite 13)

½ TL Pektinase

1½ EL (½ Röhrchen) flüssige Sake- oder Lager-Hefe oder 2 TL (1 Päckchen) Weißwein-Hefe

1 • 24 Stunden vor dem geplanten Braubeginn einen Gäreimer (8l), den Deckel, den Gärspund und einen Rührlöffel sterilisieren.

2 • Kirschen entkernen und grob hacken. Die Kirschen mit dem Wasser im Gäreimer vermischen. Das Kaliumdisulfit einrühren. Den Deckel aufsetzen und den Gärspund anbringen. 24 Stunden warten, damit das Kaliumdisulfit die Kirschen sterilisieren kann.

3 • Am nächsten Tag den Reis wie auf Seite 142 beschrieben einweichen, dämpfen und abkühlen lassen. Gedämpften Reis, Koji-Reis, Hefenährsalz, Säuremischung, Pektinase und Hefe in den Gäreimer geben. (Wenn Sie den Reis in mehreren Partien dämpfen, alles mit der ersten Partie vermischen und den restlichen Reis in den Gäreimer geben, wenn er abgekühlt ist.) Kräftig umrühren, damit sich die Hefe verteilt und die Reismaische mit Sauerstoff angereichert wird.

4 • Den Deckel aufsetzen und den Gärspund anbringen. Den Sake an einem kühlen dunklen Ort idealerweise bei rund 13 °C lagern. Innerhalb von 48 Stunden sollte sich die aktive Gärung anhand von Bläschen im Gärspund bemerkbar machen. Den Sake 2 Wochen gären lassen, täglich mit einem sterilen Löffel umrühren.

5 • Sieb, Safttuch, Kochtopf, Trichter, Gärballon (5l) und Stopfen sterilisieren.

6 • Zunächst den Sake durch das Sieb in den Topf gießen. Alle Festbestandteile vom Reis und den Kirschen wegwerfen. Den Trichter auf

Fortsetzung

den Gärballon (5l) setzen und mit dem Safttuch auslegen. Den Sake in den Gärballon seihen. Aufgrund des Reis-Bodensatzes kann dies eine Weile dauern. Die Flüssigkeit im Trichter öfter umrühren, damit sich der Bodensatz nicht verfestigt und das Abseihen verzögert. Bei Verstopfungen das Safttuch ausspülen, sterilisieren und wieder einlegen.

7 • Den Topf reinigen. Den offenen Gärballon hineinstellen und den Topf mit Wasser füllen, bis es auf gleicher Höhe mit dem Sake ist. Den Sake auf 60 °C erwärmen. Dadurch wird er pasteurisiert und die Tätigkeit des Koji-Reises und der Hefe gestoppt (der Alkoholgehalt bleibt davon unberührt). Den Sake abkühlen lassen.

8 • Zum Abfüllen elf 330-ml- oder sieben 500-ml-Flaschen (oder fünf 750-ml-Weinflaschen), Kronkorken (oder Korken), den Abfüllschlauch, den Weinheber, den Gummizapfen und das Abfüllröhrchen sterilisieren. Den Gärballon schütteln, damit der Bodensatz während der Abfüllung vollkommen im Sake schwebt. Den Sake in Flaschen abziehen, dabei den Gärballon immer wieder schütteln, wenn sich der Bodensatz absetzt. Die Flaschen verkorken und mit Etiketten versehen.

9 • Der Sake kann sofort getrunken werden oder bis zu 1 Jahr weiterreifen. Die Flasche vor dem Servieren schütteln und den Sake gekühlt servieren.

EINSTELLUNG DES FERTIGEN SAKE

Sake aus Eigenproduktion kann ziemlich intensiv schmecken. Oft überdecken der hohe Alkoholgehalt und die Säure die zarteren Fruchtaromen. In diesem Fall können Sie den Sake nach Geschmack mit Wasser strecken. Gehen Sie bei der Zugabe schrittweise vor und nehmen Sie jedes Mal eine Kostprobe. Sie können den Sake (nach der Pasteurisation) auch mit etwas Zucker süßen. Zunächst 50 g weißen Kristallzucker in einem sterilen Messbecher in 125 ml warmem Sake auflösen und in den Ballon mit Sake füllen. Verkosten und bei Bedarf mehr aufgelösten Zucker beimengen.

Beachten Sie auch, dass selbstgemachter Sake von Natur aus eine gelbe Farbe besitzt. Sie haben also nichts falsch gemacht! Handelsüblicher Sake ist nur deshalb farblos, weil er mit einem speziellen Reis hergestellt wird, der für Selbstbrauer nicht erhältlich ist. Zudem wird er meist gefiltert.

Jasmintee-Sake

ERGIBT 4 L

Sake ist natürlich für sich allein schon ein Genuss, aber er kann auch mit Kräutern und Gewürzen verfeinert werden. Ich liebe Tee und meiner Meinung nach harmoniert der leicht blumige Geschmack von Jasmintee besonders gut mit der Fruchtigkeit von selbstgebrautem Sake.

4 l Grundrezept Sake Nr. 1 (Seite 140) oder Grundrezept Sake Nr. 2 (Seite 145), pasteurisiert und vom Bodensatz abgezogen
6 Beutel Jasmintee oder 1½ EL loser Jasmintee

1 • Den Sake in einen sauberen und sterilen Gärballon (5 l) füllen. Den Tee hinzufügen. Einen sterilisierten Stopfen mit Gärspund aufsetzen und den Sake an einem dunklen kühlen Ort 1–3 Wochen lagern. Den Gärballon täglich schütteln, damit sich die Zutaten verteilen. Gelegentlich den Sake verkosten; je länger der Tee ziehen kann, desto intensiver ist der Geschmack.

2 • Wenn der Sake nach Ihrem Geschmack ist, kann er in Flaschen abgefüllt werden. Elf 330-ml- oder sieben 500-ml-Flaschen (oder fünf 750-ml-Weinflaschen), Kronkorken (oder Korken), den Abfüllschlauch, den Weinheber, den Gummizapfen und das Abfüllröhrchen sterilisieren. Den Sake in Flaschen abziehen, die verwendeten Teebeutel oder den losen Teesud zurücklassen. Die Flaschen verkorken und mit Etiketten versehen.

3 • Die Flaschen an einem dunklen kühlen Ort mindestens 2 Wochen oder bis zu 1 Jahr lagern. Gekühlt servieren.

Zitronen-Thymian-Sake

ERGIBT 4 L

Sake mit einem Schuss Zitrone – was für ein herrlicher Geschmack. Eine Zeitlang servierte ich meinen Sake mit einer Zitronenscheibe in jeder Tasse, bis mir die Idee kam, die Zitrone gleich von vornherein hinzuzugeben. Gesagt getan. Das Resultat erinnert stark an Limoncello: ein seidiger Zitrus-Sake mit einem Hauch holzigem Thymian. Mit etwas Mineralwasser vermischt lässt sich daraus ein herrlicher Frühlingscocktail zaubern.

4 l Grundrezept Sake Nr. 1 (Seite 140) oder Grundrezept Sake Nr. 2 (Seite 145), pasteurisiert und vom Bodensatz abgezogen

8 Zweige frischer Thymian

8 Bio-Zitronen

1 • Den Sake in einen sauberen und sterilen Gärballon (5 l) füllen. Den Thymian mit einem Nudelholz oder der stumpfen Seite eines Messers leicht zerdrücken. Die Zitronen mit einem Gemüseschäler schälen und dabei möglichst viel weiße Haut dran lassen. Die Zitronen für eine anderen Verwendung aufbewahren. Den Thymian und die Zitronenschale zum Sake geben. Einen sterilisierten Stopfen mit Gärspund aufsetzen und den Sake an einem dunklen kühlen Ort 1–3 Wochen lagern. Den Gärballon täglich schütteln, damit sich die Zutaten verteilen. Gelegentlich den Sake verkosten. Je länger die Zutaten marinieren können, desto intensiver ist der Geschmack.

2 • Wenn der Sake nach Ihrem Geschmack ist, kann er in Flaschen abgefüllt werden. Elf 330-ml- oder sieben 500-ml-Flaschen (oder fünf 750-ml-Weinflaschen), Kronkorken (oder Korken), den Abfüllschlauch, den Weinheber, den Gummizapfen und das Abfüllröhrchen sterilisieren. Den Sake in Flaschen abziehen, den Thymian und die Zitronenschale zurücklassen. Die Flaschen verkorken und mit Etiketten versehen.

3 • Die Flaschen an einem dunklen kühlen Ort mindestens 2 Wochen oder bis zu 1 Jahr lagern. Gekühlt servieren.

Gin-Sake

ERGIBT 4 L

Für dieses Rezept müssen Sie keinen Gin brennen. Alles was Sie brauchen, sind frischer Sake und eine Handvoll Kräuter und Gewürze. Wacholderbeeren geben im Gin den Ton an und verleihen in diesem Rezept dem Sake einen kräftigen Kiefergeschmack.

4 l Grundrezept Sake Nr. 1 (Seite 140) oder Grundrezept Sake Nr. 2 (Seite 145), pasteurisiert und vom Bodensatz abgezogen

75 g getrocknete Wacholderbeeren

4 Teelöffel Koriandersamen

1 TL Pimentkörner

1 TL Fenchelsamen

15 Kardamomkapseln, mit einem Nudelholz aufgespalten

½ TL schwarze Pfefferkörner

1 Lorbeerblatt

3 frische Rosmarinzweige

Schale von 12 Bio-Zitronen

1 • Den Sake in einen sauberen und sterilen Gärballon (5 l) füllen. Die Wacholderbeeren hinzufügen. Einen sterilisierten Stopfen mit Gärspund aufsetzen und den Sake an einem dunklen kühlen Ort 1–3 Wochen lagern. 12 Stunden ziehen lassen, dann die Koriandersamen, die Pimentkörner, die Fenchelsamen, die Kardamomkapseln, die Pfefferkörner, das Lorbeerblatt, den Rosmarin und die Zitronenschalen zugeben. Weitere 12–24 Stunden ziehen lassen. Gelegentlich den Sake verkosten; je länger die Zutaten ziehen können, desto intensiver ist der Geschmack.

2 • Wenn der Sake nach Ihrem Geschmack ist, kann er in Flaschen abgefüllt werden. Elf 330-ml- oder sieben 500-ml-Flaschen (oder fünf 750-ml-Weinflaschen), Kronkorken (oder Korken), den Abfüllschlauch, den Weinheber, den Gummizapfen und das Abfüllröhrchen sterilisieren. Den Sake in Flaschen abziehen, die Gewürze zurücklassen. Die Flaschen verkorken und mit Etiketten versehen.

3 • Die Flaschen an einem dunklen kühlen Ort mindestens 2 Wochen oder bis zu 1 Jahr lagern. Gekühlt servieren.

KAPITEL 8

Fruchtwein

EXPERTEN IM GESPRÄCH: GLENN FOSTER

Wie kam es dazu, dass Talon Wine Brands Fruchtweine produzierte?

Im Weinhandel ist es doch so: Überall gibt es Chardonnay und Merlot, doch nirgendwo bekommt man Kirsch,- Granatapfel- oder Erdbeer-Rhabarber-Wein. Fruchtweine bilden eher die Ausnahme. Wir haben etwas, das sonst niemand hat – und das gefällt mir.

Wie lautet Ihre Philosophie?

Wir möchten, dass die Weine nach ihren jeweiligen Ausgangsfrüchten schmecken. Viele Weinliebhaber rümpfen bei dem Thema Fruchtweine die Nase. Doch wenn sie sie erst einmal verkosten und der Pfirsichwein tatsächlich nach Pfirsichen schmeckt oder der Erdbeer-Rhabarber-Wein an Großmutters Kuchen erinnert, sind sie ganz verzückt.

Was ist der heikelste Teil bei der Herstellung von Fruchtweinen?

Wie wir festgestellt haben, ist es von Vorteil, die Gärung kühl zu halten, auch wenn das mitunter nicht ganz leicht zu bewerkstelligen ist. Wir versuchen sie unter 13 °C zu halten. Das macht der Hefe zwar etwas zu schaffen, hilft aber, den fruchtigen Charakter des Weins zu bewahren.

Wo liegen die Unterschiede zwischen der Herstellung von Fruchtwein und Traubenwein?

Bei der Vergärung des Fruchtweins geht ein Gutteil des eigentlichen Fruchtcharakters verloren. So schmeckt zum Beispiel ein Pfirsichwein zwar leicht nach Pfirsichen, aber nach der Vergärung ist nicht mehr wirklich viel Pfirsichcharakter erhalten. Diese essenziellen Fruchtaromen sind sehr flüchtig und verschwinden im Verlauf der Gärung. Daher geben wir zum Ausgleich nach Gärende etwas Saft hinzu.

Irgendwelche Tipps und Tricks für Selbstbrauer?

Versetzen Sie sich an die Stelle der Hefen und machen Sie sie glücklich. Die Weinherstellung sollte wie Urlaub für die Hefe sein. Wir scheuen keine Kosten und Mühen, damit sich die Hefe wohlfühlt. Bedenken Sie immer, dass es Sie es mit Lebewesen mit ganz eigenen Bedürfnissen zu tun haben.

Glenn Foster ist Winzer und Besitzer von Talon Wine Brands in Palisade, Colorado.

Grundrezept Fruchtwein

ERGIBT 4 L

Die Zubereitung von Wein ist glücklicherweise erstaunlich unkompliziert: Man vermische Zucker mit Wasser und jeder Menge frischer Früchte und füge etwas Hefe hinzu – und einige Monate später lassen sich die Früchte in ihrer reinsten Form genießen. Bei all dem Tamtam, der um Wein gemacht wird, möchte man meinen, dass viel mehr hinter der Herstellung steckt. (Dabei muss freilich gesagt werden, dass ich, wie Sie feststellen werden, Traubenweine in diesem Buch außer Acht lasse. Dieses komplexe Thema überlasse ich lieber den Experten. Sie können natürlich für dieses Rezept nach Lust und Laune mit Trauben herumexperimentieren, besonders wenn Sie echte Weintrauben zur Verfügung haben. Bedenken Sie nur, dass der Wein nicht so vollmundig schmecken wird wie die Traubenweine, die Sie gewohnt sind.)

Für 4 Liter Wein müssen Sie Ihre Ausgangsmengen an Wasser und Früchten auf die Herstellung von 4 Litern Flüssigkeit ausrichten. Bei sehr saftigen Früchten wie Pfirsich oder Melone verwenden Sie weniger Wasser; bei fleischigen Früchten wie Blaubeeren nehmen Sie mehr Wasser. Bedenken Sie, dass Sie die Festbestandteile später abseihen. Das erfordert ein wenig Schätzarbeit, aber keine Bange, wenn Sie etwas mehr oder weniger als 4 Liter erzielen. Sie können die Menge später noch immer mit Wasser strecken. Zudem passt das Rezept auch wunderbar für Mengen von etwas mehr als 4 Litern.

Fügen Sie je nach Süße der Früchte Zucker sowie Säuremischung (siehe Seite 13) zum Ausgleich von Früchten mit geringer natürlicher Säure hinzu. Dasselbe gilt für die Zugabe von Tannin. Gehen Sie dabei immer schrittweise vor und verkosten Sie das Ergebnis nach und nach.

ZUTATEN

2,8–3,8 l Wasser
450–1350 g weißer Kristallzucker
1350–1800 g Früchte
0,90 g Kaliumdisulfit
2 TL (1 Päckchen) Trockenhefe für Wein
1 TL Hefenährsalz
Bis zu 2 TL Säuremischung (nach Belieben; siehe Seite 13)
½ TL Pektinase
⅛–½ TL Tannin

ZUBEHÖR

Kochtopf
Messbecher und Löffel
Rührlöffel mit langem Griff
Gäreimer (8 l) mit Deckel
Gärspund
Spindel
Leinensäckchen
Einmachglas (1 l)
Großes feinmaschiges Sieb
Saft- oder Käsetuch

Trichter
Gärballon (5 l)
Stopfen
Weinheber und Gummizapfen
Abfüllschlauch
Schlauchklemme
Abfüllröhrchen
11 Flaschen (330 ml), 7 Flaschen (500 ml) oder 5 Weinflaschen (750 ml)
Kronkorken oder Weinkorken
Kronkorken-Verschließer oder Verkorker

1 • Einen Gäreimer (8 l), den Deckel, den Gärspund und einen Rührlöffel sterilisieren.

2 • Das Wasser in einem Kochtopf bei mittlerer Hitze zum Köcheln bringen und den Zucker einrühren. Sobald der Zucker aufgelöst ist, den Topf vom Herd nehmen. Auf Raumtemperatur abkühlen lassen.

3 • Das Zuckerwasser in den Gäreimer (8 l) gießen. Früchte in mundgerechte Stücke schneiden (Beeren und kleine Früchte können ganz bleiben), in ein Leinensäckchen binden und zum Zuckerwasser geben. Mit einem Kartoffelstampfer oder sauberen Händen das eingetauchte Säckchen flachpressen, sodass möglichst viel Saft entweicht. Mit der Spindel die Ausgangsdichte bestimmen (siehe Brau-Einmaleins, Seite 23). 0,45 g Kaliumdisulfit einrühren. Den Deckel aufsetzen und den Gärspund anbringen. 24 Stunden warten, damit das Kaliumdisulfit die Früchte sterilisieren kann.

4 • Wenn die Früchte sterilisiert sind, den Hefestarter zubereiten. Einen Messbecher, ein Einmachglas (1 l) und einen Rührlöffel sterilisieren. 250 ml vom Fruchtsaft abschöpfen und in das Einmachglas füllen. Die Hefe zugeben, ein Stück Plastikfolie über die Glasöffnung legen und mit Gummiband befestigen. Das Glas gut schütteln und 1–3 Stunden stehen lassen. Es sollte sich Schaum bilden, und winzige Bläschen steigen auf. Sobald sich erste Anzeichen einer Gärtätigkeit bemerkbar machen, kann der Hefestarter zum Einsatz kommen. (Siehe Brau-Einmaleins, Seite 22.)

5 • Den Hefestarter mit dem Hefenährsalz, der Säuremischung, der Pektinase und 1/8 TL Tannin in den Gäreimer gießen. Kräftig umrühren, damit sich die Hefe verteilt und die Flüssigkeit mit Sauerstoff angereichert wird. Den Deckel wieder aufsetzen und den Gärspund wieder anbringen. Innerhalb von 48 Stunden sollte sich die aktive Gärung anhand von Bläschen im Gärspund bemerkbar machen.

6 • Den Wein 1 Woche gären lassen, täglich mit einem sterilen Löffel umrühren. Danach kann der Wein zur Nachgärung in einen Gärballon (5 l) umgefüllt werden.

7 • Einen Gärballon (5 l), den Stopfen, ein Sieb, einen Trichter, ein Saft- oder Käsetuch und einen Rührlöffel mit langem Griff sterilisieren. Das Leinensäckchen mit sauberen Händen herausnehmen und behutsam ausdrücken, sodass möglichst viel Flüssigkeit entweicht.

8 • Den Trichter auf den Ballon (5 l) setzen und mit dem Tuch auslegen. Langsam den Wein in den Ballon gießen und dabei die Feststoffe

Fortsetzung

GRUNDREZEPT FRUCHTWEIN, FORTSETZUNG

herausfiltern. Bei Bedarf den Bodensatz, der sich im Trichter sammelt, mit dem Löffel aufrühren. Den Gärballon mit dem Stopfen verschließen und den Gärspund anbringen.

9 • Den Wein an einem kühlen dunklen Ort 4 Wochen stehen lassen. Nun sollten keine wirklichen Anzeichen von Gärung mehr festzustellen sein. Den Gärspund beobachten: Wenn 2 Minuten lang keine Bläschen zu sehen sind, ist die Gärung im Wesentlichen abgeschlossen. Der Wein kann nun abgefüllt werden oder bis zu 6 Monate weiterreifen.

10 • Soll er weiterreifen, empfiehlt es sich, den Wein hin und wieder vom Bodensatz abzuziehen. Einen Kochtopf, den Abfüllschlauch, den Weinheber und den Gummizapfen sterilisieren. Den Wein in den Kochtopf abziehen. Den Gärballon, den Stopfen und den Gärspund reinigen und sterilisieren, den Wein wieder in den Gärballon abziehen. Den Stopfen und den Gärspund anbringen. Dies bietet eine gute Möglichkeit, den Wein zu verkosten. Schmeckt er zu süß, extra Säuremischung für etwas Herbe oder etwas Tannin für Trockenheit und Adstringenz zugeben. Mit einer kleinen Menge beginnen, nach 1–2 Wochen eine Kostprobe machen und bei Bedarf nachbessern. Der Wein kann abgefüllt werden, sobald er nach Ihrem Geschmack ist.

11 • Wenn der Wein bereit zur Abfüllung ist, einen Kochtopf, den Abfüllschlauch, den Weinheber und den Gummizapfen sterilisieren. Den Wein in den Kochtopf abziehen, die restlichen 0,45 g Kaliumdisulfit in den Wein einrühren. Den Gärballon, den Stopfen und den Gärspund reinigen und sterilisieren, den Wein wieder in den Gärballon abziehen. Den Stopfen und den Gärspund anbringen. Mindestens 24 Stunden mit der Flaschenfüllung warten.

12 • Zur Abfüllung elf 330-ml- oder sieben 500-ml-Flaschen (oder fünf 750-ml-Weinflaschen), die Kronkorken (oder Korken), den Abfüllschlauch, den Weinheber, den Gummizapfen und das Abfüllröhrchen sterilisieren. 125 ml Wein abziehen und mit der Spindel die Zieldichte bestimmen. Den Wein trinken oder wieder in den Gärballon gießen. Den Wein in die Flaschen abziehen, Flaschen mit Kornkorken (oder Korken) verschließen und mit Etiketten versehen.

13 • Die Flaschen an einem dunklen kühlen Ort mindestens 2 Wochen oder bis zu 1 Jahr lagern. Gekühlt oder bei Raumtemperatur servieren.

Pflaumenwein

ERGIBT 4 L
ANGESTREBTE AUSGANGSDICHTE = 1,115–1,120
ANGESTREBTE ZIELDICHTE = 1,000–1,005
ANGESTREBTE VOL.-% = 16,5 PROZENT

Bei diesem Wein hängt sehr viel von der Beschaffenheit der verwendeten Pflaumen ab. Herbe Pflaumen ergeben einen knackigen leichten Wein, der an einen Pinot Grigio erinnert. Bei süßen saftigen Pflaumen, die im Hochsommer gepflückt werden, ähnelt das Ergebnis einem Dessertwein. Oder Sie entscheiden sich für den Mittelweg und wählen eine Mischung aus beiden – im Grunde genommen können Sie hier nichts falsch machen.

1,5 l Wasser
1¼ kg weißer Kristallzucker
1¾ kg Pflaumen
0,90 g Kaliumdisulfit
2 TL (1 Päckchen) Trockenhefe für Weißwein
2 TL Säuremischung (siehe Seite 13)
1 TL Hefenährsalz
½ TL Pektinase
⅛ TL Tannin

1 • Einen Gäreimer (8 l), den Deckel, den Gärspund und einen Rührlöffel sterilisieren.

2 • Das Wasser in einem Topf zum Köcheln bringen und den Zucker einrühren. Sobald der Zucker aufgelöst ist, den Topf vom Herd nehmen. Auf Raumtemperatur abkühlen lassen.

3 • Das Zuckerwasser in den Gäreimer (8 l) gießen. Die Pflaumen grob hacken, die Kerne wegwerfen. Die Früchte in ein Leinensäckchen binden und zum Zuckerwasser geben. Mit einem Kartoffelstampfer oder sauberen Händen das eingetauchte Säckchen flachpressen, sodass möglichst viel Saft entweicht. Mit der Spindel die Ausgangsdichte bestimmen (siehe Brau-Einmaleins, Seite 23). 0,45 g Kaliumdisulfit einrühren. Den Deckel aufsetzen und den Gärspund anbringen. 24 Stunden warten, damit das Kaliumdisulfit die Früchte sterilisieren kann.

4 • Wenn die Pflaumen sterilisiert sind, den Hefestarter zubereiten. Einen Messbecher, ein Einmachglas (1 l) und einen Rührlöffel sterilisieren. 250 ml vom Fruchtsaft abschöpfen und in das Einmachglas füllen. Die Hefe zugeben, ein Stück Plastikfolie über die Glasöffnung legen und mit Gummiband befestigen. Das Glas gut schütteln und 1–3 Stunden stehen lassen. Es sollte sich Schaum bilden, und winzige Bläschen steigen auf. Sobald sich erste Anzeichen einer Gärtätigkeit bemerkbar machen, kann der Hefestarter zum Einsatz kommen.

Fortsetzung

PFLAUMENWEIN, FORTSETZUNG

5 • Den Hefestarter mit der Säuremischung), dem Hefenährsalz, der Pektinase und dem Tannin in den Gäreimer gießen. Kräftig umrühren, damit sich die Hefe verteilt und der Wein mit Sauerstoff angereichert wird. Den Deckel wieder aufsetzen und den Gärspund wieder anbringen. Innerhalb von 48 Stunden sollte sich die aktive Gärung anhand von Bläschen im Gärspund bemerkbar machen.

6 • Den Wein 1 Woche gären lassen, täglich mit einem sterilen Löffel umrühren. Danach kann der Wein zur Nachgärung in einen Gärballon (5 l) umgefüllt werden.

7 • Einen Gärballon (5 l), den Stopfen, ein Sieb, einen Trichter, ein Saft- oder Käsetuch und einen Rührlöffel mit langem Griff sterilisieren. Das Leinensäckchen mit sauberen Händen herausziehen und behutsam ausdrücken, sodass möglichst viel Flüssigkeit entweicht.

8 • Den Trichter auf den Ballon setzen und mit dem Tuch auslegen. Langsam den Wein in den Gärballon gießen und dabei die Feststoffe herausfiltern. Bei Bedarf den Bodensatz, der sich im Trichter sammelt, mit dem Löffel aufrühren. Den Gärballon mit dem Stopfen verschließen und den Gärspund anbringen.

9 • Den Wein an einem kühlen dunklen Ort 4 Wochen stehen lassen. Der Wein kann nun abgefüllt werden oder bis zu 6 Monate weiterreifen.

10 • Soll er weiterreifen, empfiehlt es sich, den Wein hin und wieder vom Bodensatz abzuziehen. Einen Kochtopf, den Abfüllschlauch, den Weinheber und den Gummizapfen sterilisieren. Den Wein in den Kochtopf abziehen. Den Gärballon, den Stopfen und den Gärspund reinigen und sterilisieren, den Wein wieder in den Gärballon abziehen. Den Stopfen und den Gärspund anbringen. Während dieses Schritts kann der Wein verkostet und die Säure oder Tannine können nach Geschmack eingestellt werden.

11 • Wenn der Wein bereit zur Abfüllung ist, einen Kochtopf, den Abfüllschlauch, den Weinheber und den Gummizapfen sterilisieren. Den Wein in einen sterilen Kochtopf abziehen, die restlichen 0,45 g Kaliumdisulfit in den Wein einrühren. Den Gärballon, den Stopfen und den Gärspund reinigen und sterilisieren, den Wein wieder in den Gärballon abziehen. Den Stopfen und den Gärspund anbringen. Mindestens 24 Stunden mit der Flaschenfüllung warten.

12 • Zur Abfüllung elf 330-ml- oder sieben 500-ml-Flaschen (oder fünf 750-ml-Weinflaschen), Kronkorken (oder Korken), den Abfüllschlauch, den Weinheber, den Gummizapfen und das Abfüllröhrchen sterilisieren. 125 ml Wein abziehen und mit der Spindel die Zieldichte bestimmen. Den Wein trinken oder wieder in den Gärballon gießen. Den Wein in die Flaschen abziehen, Flaschen mit Kornkorken (oder Korken) verschließen und mit Etiketten versehen.

13 • Die Flaschen an einem dunklen kühlen Ort mindestens 2 Wochen oder bis zu 1 Jahr lagern. Gekühlt servieren.

Erdbeerwein

ERGIBT 4 L
ANGESTREBTE AUSGANGSDICHTE = 1,085–1,090
ANGESTREBTE ZIELDICHTE = 1,000–1,005
ANGESTREBTE VOL.-% = 12,5 PROZENT

Werfen Sie all Ihre Vorbehalte gegenüber Erdbeerwein (Stichwort: klebrig und zuckersüß) über Bord und denken Sie lieber an kleine, frisch gepflückte Erdbeeren, die auf der Zunge zergehen und dabei ein herbsüßes Aroma verströmen. So muss echter Erdbeerwein schmecken.

3,125 l Wasser
900 g weißer Kristallzucker
1¾ kg frische Erdbeeren
0,90 g Kaliumdisulfit
2 TL (1 Päckchen) Trockenhefe für Weißwein
2 TL Säuremischung (siehe Seite 13)
1 TL Hefenährsalz
½ TL Pektinase
⅛ TL Tannin

1 • Einen Gäreimer (8 l), den Deckel, den Gärspund und einen Rührlöffel sterilisieren.

2 • Das Wasser in einem Topf zum Köcheln bringen und den Zucker einrühren. Sobald der Zucker aufgelöst ist, den Topf vom Herd nehmen. Auf Raumtemperatur abkühlen lassen.

3 • Das Zuckerwasser in den Gäreimer (8 l) gießen. Die Erdbeeren entstielen und grob hacken, in ein Leinensäckchen binden und zum Zuckerwasser geben. Mit einem Kartoffelstampfer oder sauberen Händen das eingetauchte Säckchen flachpressen, sodass möglichst viel Saft entweicht. Mit der Spindel die Ausgangsdichte bestimmen (siehe Brau-Einmaleins, Seite 23). 0,45 g Kaliumdisulfit einrühren. Den Deckel aufsetzen und den Gärspund anbringen. 24 Stunden warten, damit das Kaliumdisulfit die Früchte sterilisieren kann.

4 • Wenn die Erdbeeren sterilisiert sind, den Hefestarter zubereiten. Einen Messbecher, ein Einmachglas (1 l) und einen Rührlöffel sterilisieren. 250 ml vom Fruchtsaft abschöpfen und in das Einmachglas füllen. Die Hefe zugeben, ein Stück Plastikfolie über die Glasöffnung legen und mit Gummiband befestigen. Das Glas gut schütteln und 1–3 Stunden stehen lassen. Es sollte sich Schaum bilden, und winzige Bläschen steigen auf. Sobald sich erste Anzeichen einer Gärtätigkeit bemerkbar machen, kann der Hefestarter zum Einsatz kommen.

5 • Den Hefestarter mit der Säuremischung, dem Hefenährsalz, der Pektinase und dem Tannin in den Gäreimer gießen. Kräftig umrühren, damit sich die Hefe verteilt und der Wein mit Sauerstoff angereichert wird. Den Deckel wieder aufsetzen und den Gärspund wieder anbringen. Innerhalb von 48 Stunden sollte sich die aktive Gärung anhand von Bläschen im Gärspund bemerkbar machen.

6 • Den Wein 1 Woche gären lassen, täglich mit einem sterilen Löffel umrühren. Danach kann der Wein zur Nachgärung in einen Gärballon (5 l) umgefüllt werden.

7 • Einen Gärballon (5 l), den Stopfen, ein Sieb, einen Trichter, ein Saft- oder Käsetuch und einen Rührlöffel mit langem Griff sterilisieren. Das Säckchen mit sauberen Händen herausziehen und behutsam ausdrücken, sodass möglichst viel Flüssigkeit entweicht.

8 • Den Trichter auf den Gärballon setzen und mit dem Tuch auslegen. Langsam den Wein in den Gärballon gießen und dabei die Feststoffe herausfiltern. Bei Bedarf den Bodensatz, der sich im Trichter sammelt, mit dem Löffel aufrühren. Den Gärballon mit dem Stopfen verschließen und den Gärspund anbringen.

9 • Den Wein an einem kühlen dunklen Ort 4 Wochen stehen lassen. Der Wein kann nun abgefüllt werden oder bis zu 6 Monate weiterreifen.

10 • Soll er weiterreifen, empfiehlt es sich, den Wein hin und wieder vom Bodensatz abzuziehen. Einen Kochtopf, den Abfüllschlauch, den Weinheber und den Gummizapfen sterilisieren. Den Wein in den Kochtopf abziehen. Den Gärballon, den Stopfen und den Gärspund reinigen und sterilisieren, den Wein wieder in den Gärballon abziehen. Den Stopfen und den Gärspund anbringen. Während dieses Schritts kann der Wein verkostet und die Säure oder Tannine können nach Geschmack eingestellt werden.

11 • Wenn der Wein bereit zur Abfüllung ist, einen Kochtopf, den Abfüllschlauch, den Weinheber und den Gummizapfen sterilisieren. Den Wein in den Kochtopf abziehen, die restlichen 0,45 g Kaliumdisulfit in den Wein einrühren. Den Gärballon, den Stopfen und den Gärspund reinigen und sterilisieren, den Wein wieder in den Gärballon abziehen. Den Stopfen und den Gärspund anbringen. Mindestens 24 Stunden mit der Flaschenfüllung warten.

12 • Zur Abfüllung elf 330-ml- oder sieben 500-ml-Flaschen (oder fünf 750-ml-Weinflaschen), Kronkorken (oder Korken), den Abfüllschlauch, den Weinheber, den Gummizapfen und das Abfüllröhrchen sterilisieren. 125 ml Wein abziehen und mit der Spindel die Zieldichte bestimmen. Den Wein trinken oder wieder in den Gärballon gießen. Den Wein in die Flaschen abziehen, Flaschen mit Kornkorken (oder Korken) verschließen und mit Etiketten versehen.

13 • Die Flaschen an einem dunklen kühlen Ort mindestens 2 Wochen oder bis zu 1 Jahr lagern. Gekühlt servieren.

Brombeerwein

ERGIBT 4 L
ANGESTREBTE AUSGANGSDICHTE = 1,090–1,095
ANGESTREBTE ZIELDICHTE = 1,000–1,005
ANGESTREBTE VOL.-% = 13 PROZENT

Brombeeren lassen sich hervorragend zu Wein verarbeiten. Sie sind bereits von Natur aus herb und haben diesen unglaublich vollen Beerengeschmack, von dem man einfach nicht genug bekommen kann. Aus Brombeeren Wein herzustellen ist so, als würde man der Natur ihren natürlichen Lauf lassen.

3,3 l Wasser
900 g weißer Kristallzucker
1,5 kg Brombeeren
0,90 g Kaliumdisulfit
2 TL (1 Päckchen) Trockenhefe für Rotwein
2 TL Säuremischung (siehe Seite 13)
1 TL Hefenährsalz
½ TL Pektinase
½ TL Tannin

1 • Einen Gäreimer (8 l), den Deckel, den Gärspund und einen Rührlöffel sterilisieren.

2 • Das Wasser in einem Topf zum Köcheln bringen und den Zucker einrühren. Sobald der Zucker aufgelöst ist, den Topf vom Herd nehmen. Auf Raumtemperatur abkühlen lassen.

3 • Das Zuckerwasser in den Gäreimer gießen. Die Brombeeren in ein Leinensäckchen binden und zum Zuckerwasser geben. Mit einem Kartoffelstampfer oder sauberen Händen das eingetauchte Säckchen flachpressen, sodass möglichst viel Saft entweicht. Mit der Spindel die Ausgangsdichte bestimmen (siehe Brau-Einmaleins, Seite 23). 0,45 g Kaliumdisulfit einrühren. Den Deckel aufsetzen und den Gärspund anbringen. 24 Stunden warten, damit das Kaliumdisulfit die Früchte sterilisieren kann.

4 • Wenn die Beeren sterilisiert sind, den Hefestarter zubereiten. Einen Messbecher, ein Einmachglas (1 l) und einen Rührlöffel sterilisieren. 250 ml vom Fruchtsaft abschöpfen und in das Einmachglas füllen. Die Hefe zugeben, ein Stück Plastikfolie über die Glasöffnung legen und mit Gummiband befestigen. Das Glas gut schütteln und 1–3 Stunden stehen lassen. Es sollte sich Schaum bilden, und winzige Bläschen steigen auf. Sobald sich erste Anzeichen einer Gärtätigkeit bemerkbar machen, kann der Hefestarter zum Einsatz kommen.

5 • Den Hefestarter mit der Säuremischung, dem Hefenährsalz, der Pektinase und dem Tannin in den Gäreimer gießen. Kräftig umrühren, damit sich die Hefe verteilt und der Wein mit Sauerstoff angereichert wird. Den Deckel wieder aufsetzen und den Gärspund wieder anbringen. Innerhalb von 48 Stunden sollte sich die aktive Gärung anhand von Bläschen im Gärspund bemerkbar machen.

6 • Den Wein 1 Woche gären lassen, täglich mit einem sterilen Löffel umrühren. Danach kann der Wein zur Nachgärung in einen Gärballon (5 l) umgefüllt werden.

7 • Einen Gärballon (5 l), den Stopfen, ein Sieb, einen Trichter, ein Saft- oder Käsetuch und einen Rührlöffel mit langem Griff sterilisieren. Das Leinensäckchen mit sauberen Händen herausziehen und behutsam ausdrücken, sodass möglichst viel Flüssigkeit entweicht.

8 • Den Trichter auf den Gärballon setzen und mit dem Tuch auslegen. Langsam den Wein in den Gärballon gießen und dabei die Feststoffe herausfiltern. Bei Bedarf den Bodensatz, der sich im Trichter sammelt, mit dem Löffel aufrühren. Den Gärballon mit dem Stopfen verschließen und den Gärspund anbringen.

9 • Den Wein an einem kühlen dunklen Ort 4 Wochen stehen lassen. Der Wein kann nun abgefüllt werden oder bis zu 6 Monate weiterreifen.

10 • Soll er weiterreifen, empfiehlt es sich, den Wein hin und wieder vom Bodensatz abzuziehen. Einen Kochtopf, den Abfüllschlauch, den Weinheber und den Gummizapfen sterilisieren. Den Wein in den Kochtopf abziehen. Den Gärballon, den Stopfen und den Gärspund reinigen und sterilisieren, den Wein wieder in den Gärballon abziehen. Den Stopfen und den Gärspund anbringen. Während dieses Schritts kann der Wein verkostet und die Säure oder Tannine können nach Geschmack eingestellt werden.

11 • Wenn der Wein bereit zur Abfüllung ist, einen Kochtopf, den Abfüllschlauch, den Weinheber und den Gummizapfen sterilisieren. Den Wein in einen sterilen Kochtopf abziehen, die restlichen 0,45 g Kaliumdisulfit in den Wein einrühren. Den Gärballon, den Stopfen und den Gärspund reinigen und sterilisieren, den Wein wieder in den Gärballon abziehen. Den Stopfen und den Gärspund anbringen. Mindestens 24 Stunden mit der Flaschenfüllung warten.

12 • Zur Abfüllung elf 330-ml- oder sieben 500-ml-Flaschen (oder fünf 750-ml-Weinflaschen), Kronkorken (oder Korken), den Abfüllschlauch, den Weinheber, den Gummizapfen und das Abfüllröhrchen sterilisieren. 125 ml Wein abziehen und mit der Spindel die Zieldichte bestimmen. Den Wein trinken oder wieder in den Gärballon gießen. Den Wein in die Flaschen abziehen, Flaschen mit Kornkorken (oder Korken) verschließen und mit Etiketten versehen.

13 • Die Flaschen an einem dunklen kühlen Ort mindestens 2 Wochen oder bis zu 1 Jahr lagern. Bei Raumtemperatur servieren.

Himbeer-Rhabarber-Wein

ERGIBT 4 L
ANGESTREBTE AUSGANGSDICHTE = 1,090–1,095
ANGESTREBTE ZIELDICHTE = 1,000–1,005
ANGESTREBTE VOL.-% = 13,5 PROZENT

Keine Frage: Der klassische Begleiter von Rhabarber ist natürlich die Erdbeere. Aber genau weil die Kombination aus Himbeere und Rhabarber so unkonventionell ist, finde ich sie so köstlich. Sie macht sich ebenso gut in Süßspeisen wie in Konfitüren und selbstverständlich auch in Wein. Für diesen herben Wein gilt es, das kurze Zeitfenster zu nutzen, in dem sowohl Rhabarber als auch Himbeeren Saison haben. Genießen können Sie ihn dann in den ersten Frühlingstagen des darauffolgenden Jahres.

3,3 l Wasser
1¼ kg weißer Kristallzucker
900 g Rhabarber
900 g frische oder tiefgefrorene Himbeeren
0,90 g Kaliumdisulfit
2 TL (1 Päckchen) Trockenhefe für Weißwein
1 TL Säuremischung (siehe Seite 13)
1 TL Hefenährsalz
½ TL Pektinase
⅛ TL Tannin

1 • Einen Gäreimer (8 l), den Deckel, den Gärspund und einen Rührlöffel sterilisieren.

2 • Das Wasser in einem Topf zum Köcheln bringen und den Zucker einrühren. Sobald der Zucker aufgelöst ist, den Topf vom Herd nehmen. Auf Raumtemperatur abkühlen lassen.

3 • Das Zuckerwasser in den Gäreimer gießen. Den Rhabarber in grobe Stücke schneiden, mit den Himbeeren in ein Leinensäckchen binden und das Säckchen zum Zuckerwasser geben. Mit einem Kartoffelstampfer oder sauberen Händen das eingetauchte Säckchen flachpressen, sodass möglichst viel Saft entweicht. Mit der Spindel die Ausgangsdichte bestimmen (siehe Brau-Einmaleins, Seite 23). 0,45 g Kaliumdisulfit einrühren. Den Deckel aufsetzen und den Gärspund anbringen.
24 Stunden warten, damit das Kaliumdisulfit die Früchte sterilisieren kann.

4 • Wenn die Früchte sterilisiert sind, den Hefestarter zubereiten. Einen Messbecher, ein Einmachglas (1 l) und einen Rührlöffel sterilisieren. 250 ml vom Fruchtsaft abschöpfen und in das Einmachglas füllen. Die Hefe zugeben, ein Stück Plastikfolie über die Glasöffnung legen und mit Gummiband befestigen. Das Glas gut schütteln und 1–3 Stunden stehen lassen. Es sollte sich Schaum bilden, und winzige Bläschen steigen auf. Sobald sich erste Anzeichen einer Gärtätigkeit bemerkbar machen, kann der Hefestarter zum Einsatz kommen.

5 • Den Hefestarter mit der Säuremischung, dem Hefenährsalz, der Pektinase und dem Tannin in den Gäreimer gießen. Kräftig umrühren, damit sich die Hefe verteilt und der Wein mit Sauerstoff angereichert wird. Den Deckel wieder aufsetzen und den Gärspund anbringen. Innerhalb von 48 Stunden sollte sich die aktive Gärung anhand von Bläschen im Gärspund bemerkbar machen.

6 • Den Wein 1 Woche gären lassen, täglich mit einem sterilen Löffel umrühren. Danach kann der Wein zur Nachgärung in einen Gärballon (5 l) umgefüllt werden.

7 • Einen Gärballon (5 l), den Stopfen, ein Sieb, einen Trichter, ein Saft- oder Käsetuch und einen Rührlöffel mit langem Griff sterilisieren. Das Leinensäckchen mit sauberen Händen herausziehen und behutsam ausdrücken, sodass möglichst viel Flüssigkeit entweicht.

8 • Den Trichter auf den Ballon setzen und mit dem Tuch auslegen. Langsam den Wein in den Gärballon gießen und dabei die Feststoffe herausfiltern. Bei Bedarf den Bodensatz, der sich im Trichter sammelt, mit dem Löffel aufrühren. Den Gärballon mit dem Stopfen verschließen und den Gärspund anbringen.

9 • Den Wein an einem kühlen dunklen Ort 4 Wochen stehen lassen. Der Wein kann nun abgefüllt werden oder bis zu 6 Monate weiterreifen.

10 • Soll er weiterreifen, empfiehlt es sich, den Wein hin und wieder vom Bodensatz abzuziehen. Einen Kochtopf, den Abfüllschlauch, den Weinheber und den Gummizapfen sterilisieren. Den Wein in den Kochtopf abziehen. Den Gärballon, den Stopfen und den Gärspund reinigen und sterilisieren, den Wein wieder in den Gärballon abziehen. Den Stopfen und den Gärspund anbringen. Während dieses Schritts kann der Wein verkostet und die Säure oder Tannine können nach Geschmack eingestellt werden.

11 • Wenn der Wein bereit zur Abfüllung ist, einen Kochtopf, den Abfüllschlauch, den Weinheber und den Gummizapfen sterilisieren. Den Wein in einen sterilen Kochtopf abziehen, die restlichen 0,45 g Kaliumdisulfit in den Wein einrühren. Den Gärballon, den Stopfen und den Gärspund reinigen und sterilisieren, den Wein wieder in den Gärballon abziehen. Den Stopfen und den Gärspund anbringen. Mindestens 24 Stunden mit der Flaschenfüllung warten.

12 • Zur Abfüllung elf 330-ml- oder sieben 500-ml-Flaschen (oder fünf 750-ml-Weinflaschen), Kronkorken (oder Korken), den Abfüllschlauch, den Weinheber, den Gummizapfen und das Abfüllröhrchen sterilisieren. 125 ml Wein abziehen und mit der Spindel die Zieldichte bestimmen. Den Wein trinken oder wieder in den Gärballon gießen. Den Wein in die Flaschen abziehen, Flaschen mit Kornkorken (oder Korken) verschließen und mit Etiketten versehen.

13 • Die Flaschen an einem dunklen kühlen Ort mindestens 2 Wochen oder bis zu 1 Jahr lagern. Gekühlt servieren.

Blaubeer-Granatapfel-Wein

ERGIBT 4 L
ANGESTREBTE AUSGANGSDICHTE = 1,110–1,115
ANGESTREBTE ZIELDICHTE = 1,000–1,005
ANGESTREBTE VOL.-% = 16,5 PROZENT

Von all den Weinrezepten in diesem Buch kommt dieses dem klassischen roten Tafelwein am nächsten. Blaubeeren erweisen sich als überraschend süße Zutat und der Granatapfelsaft sorgt für die Herbe und trockene Adstringenz. Gemeinsam bilden sie ein unschlagbares Duo: aromatisch, ausgewogen und schön komplex.

1,5 l Wasser
1¼ kg weißer Kristallzucker
1½ kg frische oder tiefgefrorene Blaubeeren
500 ml Granatapfelsaft
0,90 g Kaliumdisulfit
2 TL (1 Päckchen) Trockenhefe für Rotwein
2 TL Säuremischung (siehe Seite 13)
1 TL Hefenährsalz
½ TL Pektinase
½ TL Tannin

1 • Einen Gäreimer (8 l), den Deckel, den Gärspund und einen Rührlöffel sterilisieren.

2 • Das Wasser in einem Topf zum Köcheln bringen und den Zucker einrühren. Sobald der Zucker aufgelöst ist, den Topf vom Herd nehmen. Auf Raumtemperatur abkühlen lassen.

3 • Das Zuckerwasser und den Granatapfelsaft in den Gäreimer (8 l) gießen. Die Blaubeeren in ein Leinensäckchen binden und zum Saft geben. Mit einem Kartoffelstampfer oder sauberen Händen das eingetauchte Säckchen flachpressen, sodass möglichst viel Saft entweicht. Mit der Spindel die Ausgangsdichte bestimmen (siehe Brau-Einmaleins, Seite 23). 0,45 g Kaliumdisulfit einrühren. Den Deckel aufsetzen und den Gärspund anbringen. 24 Stunden warten, damit das Kaliumdisulfit die Früchte sterilisieren kann.

4 • Wenn die Blaubeeren sterilisiert sind, den Hefestarter zubereiten. Einen Messbecher, ein Einmachglas (1 l) und einen Rührlöffel sterilisieren. 250 ml vom Fruchtsaft abschöpfen und in das Einmachglas füllen. Die Hefe zugeben, ein Stück Plastikfolie über die Glasöffnung legen und mit Gummiband befestigen. Das Glas gut schütteln und 1–3 Stunden stehen lassen. Es sollte sich Schaum bilden, und winzige Bläschen steigen auf. Sobald sich erste Anzeichen einer Gärtätigkeit bemerkbar machen, kann der Hefestarter zum Einsatz kommen.

5 • Den Hefestarter mit der Säuremischung, dem Hefenährsalz, der Pektinase und dem Tannin in den Gäreimer füllen. Kräftig umrühren, damit

Fortsetzung

BLAUBEER-GRANATAPFEL-WEIN, FORTSETZUNG

sich die Hefe verteilt und der Wein mit Sauerstoff angereichert wird. Den Deckel wieder aufsetzen und den Gärspund wieder anbringen. Innerhalb von 48 Stunden sollte sich die aktive Gärung anhand von Bläschen im Gärspund bemerkbar machen.

6 • Den Wein 1 Woche gären lassen, täglich mit einem sterilen Löffel umrühren. Danach kann der Wein zur Nachgärung in einen Gärballon (5 l) umgefüllt werden.

7 • Einen Gärballon (5 l), den Stopfen, ein Sieb, einen Trichter, ein Saft- oder Käsetuch und einen Rührlöffel mit langem Griff sterilisieren. Das Säckchen mit sauberen Händen herausziehen und behutsam ausdrücken, sodass möglichst viel Saft entweicht.

8 • Den Trichter auf den Gärballon setzen und mit dem Tuch auslegen. Langsam den Wein in den Gärballon gießen und dabei die Feststoffe herausfiltern. Bei Bedarf den Bodensatz, der sich im Trichter sammelt, mit dem Löffel aufrühren. Den Gärballon mit dem Stopfen verschließen und den Gärspund anbringen.

9 • Den Wein an einem kühlen dunklen Ort 4 Wochen stehen lassen. Der Wein kann nun abgefüllt werden oder bis zu 6 Monate weiterreifen.

10 • Soll er weiterreifen, empfiehlt es sich, den Wein hin und wieder vom Bodensatz abzuziehen. Einen Kochtopf, den Abfüllschlauch, den Weinheber und den Gummizapfen sterilisieren. Den Wein in den Kochtopf abziehen. Den Gärballon, den Stopfen und den Gärspund reinigen und sterilisieren, den Wein wieder in den Gärballon abziehen. Den Stopfen und den Gärspund anbringen. Während dieses Schritts kann der Wein verkostet und die Säure oder Tannine können nach Geschmack eingestellt werden.

11 • Wenn der Wein bereit zur Abfüllung ist, einen Kochtopf, den Abfüllschlauch, den Weinheber und den Gummizapfen sterilisieren. Den Wein in den Kochtopf abziehen, die restlichen 0,45 g Kaliumdisulfit in den Wein einrühren. Den Gärballon, den Stopfen und den Gärspund reinigen und sterilisieren, den Wein wieder in den Gärballon abziehen. Den Stopfen und den Gärspund anbringen. Mindestens 24 Stunden mit der Flaschenfüllung warten.

12 • Zur Abfüllung elf 330-ml- oder sieben 500-ml-Flaschen (oder fünf 750-ml-Weinflaschen), Kronkorken (oder Korken), den Abfüllschlauch, den Weinheber, den Gummizapfen und das Abfüllröhrchen sterilisieren. 125 ml Wein abziehen und mit der Spindel die Zieldichte bestimmen. Den Wein trinken oder wieder in den Gärballon gießen. Den Wein in die Flaschen abziehen, Flaschen mit Kornkorken (oder Korken) verschließen und mit Etiketten versehen.

13 • Die Flaschen an einem dunklen kühlen Ort mindestens 2 Wochen oder bis zu 1 Jahr lagern. Bei Raumtemperatur servieren.

Sommerlicher Melonenwein

ERGIBT 4 L
ANGESTREBTE AUSGANGSDICHTE = 1,090–1,095
ANGESTREBTE ZIELDICHTE = 1,000–1,005
ANGESTREBTE VOL.-% = 13,5 PROZENT

Zugegeben, Wein aus Cantaloupe-Melonen klingt ziemlich schräg. Auch ich dachte das, gleichzeitig aber ging mir die Idee nicht mehr aus dem Kopf. Würde der Wein wie der erste saftige Biss in eine reife Melonenspalte schmecken? Oder doch eher wie das Fruchtfleisch nahe der Schale? Tatsächlich ist es eine Mischung aus beidem. Wenn Sie auf der Suche nach einem Wein sind, mit dem Sie Ihre Gäste gleichermaßen verblüffen wie verzücken möchten, liegen Sie mit diesem Rezept genau richtig.

1,5 l Wasser
1¼ kg weißer Kristallzucker
3 kg ganze Cantaloupe-Melone
0,90 g Kaliumdisulfit
2 TL (1 Päckchen) Champagner-Trockenhefe
2 TL Säuremischung (siehe Seite 13)
1 TL Hefenährsalz
½ TL Pektinase
⅛ TL Tannin

1 • Einen Gäreimer (8 l), den Deckel, den Gärspund und einen Rührlöffel sterilisieren.

2 • Das Wasser in einem Topf zum Köcheln bringen und den Zucker einrühren. Sobald der Zucker aufgelöst ist, den Topf vom Herd nehmen. Auf Raumtemperatur abkühlen lassen.

3 • Das Zuckerwasser in den Gäreimer gießen. Die Melone in grobe Stücke schneiden, Schale und Kerne entfernen. Die Stücke in ein Leinensäckchen binden und zum Zuckerwasser geben. Mit einem Kartoffelstampfer oder sauberen Händen das eingetauchte Säckchen flachpressen, sodass möglichst viel Saft entweicht. Mit der Spindel die Ausgangsdichte bestimmen (siehe Brau-Einmaleins, Seite 23). 0,45 g Kaliumdisulfit einrühren. Den Deckel aufsetzen und den Gärspund anbringen. 24 Stunden warten, damit das Kaliumdisulfit die Früchte sterilisieren kann.

4 • Wenn die Melone sterilisiert ist, den Hefestarter zubereiten. Einen Messbecher, ein Einmachglas (1 l) und einen Rührlöffel sterilisieren. 250 ml vom Fruchtsaft abschöpfen und in das Einmachglas füllen. Die Hefe zugeben, ein Stück Plastikfolie über die Glasöffnung legen und mit Gummiband befestigen. Das Glas gut schütteln und 1–3 Stunden stehen lassen. Es sollte sich Schaum bilden, und winzige Bläschen steigen auf. Sobald sich erste Anzeichen einer Gärtätigkeit bemerkbar machen, kann der Hefestarter zum Einsatz kommen.

5 • Den Hefestarter mit der Säuremischung, dem Hefenährsalz, der Pektinase und dem

Fortsetzung

SOMMERLICHER MELONENWEIN, FORTSETZUNG

Tannin in den Gäreimer gießen. Kräftig umrühren, damit sich die Hefe verteilt und der Wein mit Sauerstoff angereichert wird. Den Deckel wieder aufsetzen und den Gärspund anbringen. Innerhalb von 48 Stunden sollte sich die aktive Gärung anhand von Bläschen im Gärspund bemerkbar machen.

6 • Den Wein 1 Woche gären lassen, täglich mit einem sterilen Löffel umrühren. Danach kann der Wein zur Nachgärung in einen Gärballon (5 l) umgefüllt werden.

7 • Einen Gärballon (5 l), den Stopfen, ein Sieb, einen Trichter, ein Saft- oder Käsetuch und einen Rührlöffel mit langem Griff sterilisieren. Das Säckchen mit sauberen Händen herausziehen und behutsam ausdrücken, sodass möglichst viel Flüssigkeit entweicht.

8 • Den Trichter auf den Gärballon setzen und mit dem Tuch auslegen. Langsam den Wein in den Gärballon gießen und dabei die Feststoffe herausfiltern. Bei Bedarf den Bodensatz, der sich im Trichter sammelt, mit dem Löffel aufrühren. Den Gärballon mit dem Stopfen verschließen und den Gärspund anbringen.

9 • Den Wein an einem kühlen dunklen Ort weitere 4 Wochen stehen lassen. Der Wein kann nun abgefüllt werden oder bis zu 6 Monate weiterreifen.

10 • Soll er weiterreifen, empfiehlt es sich, den Wein hin und wieder vom Bodensatz abzuziehen. Einen Kochtopf, den Abfüllschlauch, den Weinheber und den Gummizapfen sterilisieren. Den Wein in den Kochtopf abziehen. Den Gärballon, den Stopfen und den Gärspund reinigen und sterilisieren, den Wein wieder in den Ballon abziehen. Den Stopfen und den Gärspund anbringen. Während dieses Schritts kann der Wein verkostet und die Säure oder Tannine können nach Geschmack eingestellt werden.

11 • Wenn der Wein bereit zur Abfüllung ist, einen Kochtopf, den Abfüllschlauch, den Weinheber und den Gummizapfen sterilisieren. Den Wein in den Kochtopf abziehen, die restlichen 0,45 g Kaliumdisulfit in den Wein einrühren. Den Gärballon, den Stopfen und den Gärspund reinigen und sterilisieren, den Wein wieder in den Ballon abziehen. Den Stopfen und den Gärspund anbringen. Mindestens 24 Stunden mit der Flaschenfüllung warten.

12 • Zur Abfüllung elf 330-ml- oder sieben 500-ml-Flaschen (oder fünf 750-ml-Weinflaschen), Kronkorken (oder Korken), den Abfüllschlauch, den Weinheber, den Gummizapfen und das Abfüllröhrchen sterilisieren. 125 ml Wein abziehen und mit der Spindel die Zieldichte bestimmen. Den Wein trinken oder wieder in den Gärballon gießen. Den Wein in die Flaschen abziehen, Flaschen mit Kornkorken (oder Korken) verschließen und mit Etiketten versehen.

13 • Die Flaschen an einem dunklen kühlen Ort mindestens 2 Wochen oder bis zu 1 Jahr lagern. Gekühlt oder bei Raumtemperatur servieren.

Prickelnder Sauerkirschwein

ERGIBT 4 L
ANGESTREBTE AUSGANGSDICHTE = 1,070–1,075
ANGESTREBTE ZIELDICHTE = 1,000–1,005
ANGESTREBTE VOL.-% = 10 PROZENT

Sie wollen Ihre Party so richtig in Schwung bringen? Mit diesem herrlich prickelnden Wein sorgen Sie für jede Menge Gesprächsstoff und Sie können sich auf allerlei Komplimente gefasst machen. Sie können auch die Kirschkerne für ein nussiges Kirschholzaroma hinzugeben. Die Kerne enthalten zwar Blausäure, im Ganzen und nur in kleinen Mengen verwendet, schaden Sie aber weder Ihnen noch dem Wein.

3,3 l Wasser
450 g weißer Kristallzucker
1¾ kg Sauerkirschen
0,45 g Kaliumdisulfit
1 TL Hefenährsalz
½ TL Säuremischung (siehe Seite 13)
½ TL Pektinase
⅛ TL Tannin
2 TL (1 Päckchen) Champagner-Trockenhefe
3 EL Traubenzucker aufgelöst in 125 ml kochend heißem Wasser und abgekühlt, zur Flaschenfüllung

1 • Einen Gäreimer (8 l), den Deckel, den Gärspund und einen Rührlöffel sterilisieren.

2 • Das Wasser in einem Topf zum Köcheln bringen und den Zucker einrühren. Sobald der Zucker aufgelöst ist, den Topf vom Herd nehmen. Auf Raumtemperatur abkühlen lassen.

3 • Das Zuckerwasser in den Gäreimer gießen. Die Kirschen entkernen, grob hacken und (nach Belieben mit den Kernen) in ein Leinensäckchen binden. Das Säckchen zum Zuckerwasser geben. Mit einem Kartoffelstampfer oder sauberen Händen das eingetauchte Säckchen flachpressen, sodass möglichst viel Saft entweicht. Mit der Spindel die Ausgangsdichte bestimmen (siehe Brau-Einmaleins, Seite 23). Das Kaliumdisulfit einrühren. Den Deckel aufsetzen und den Gärspund anbringen. 24 Stunden warten, damit das Kaliumdisulfit die Früchte sterilisieren kann.

4 • Wenn die Kirschen sterilisiert sind, den Hefestarter zubereiten. Einen Messbecher, ein Einmachglas (1 l) und einen Rührlöffel sterilisieren. 250 ml vom Fruchtsaft abschöpfen und in das Einmachglas füllen. Die Hefe zugeben, ein Stück Plastikfolie über die Glasöffnung legen und mit Gummiband befestigen. Das Glas gut schütteln und 1–3 Stunden stehen lassen. Es sollte sich Schaum bilden und winzige Bläschen steigen auf. Sobald sich erste Anzeichen einer Gärtätigkeit bemerkbar machen, kann der Hefestarter zum Einsatz kommen.

Fortsetzung

PRICKELNDER SAUERKIRSCHWEIN, FORTSETZUNG

5 • Den Hefestarter mit dem Hefenährsalz, der Säuremischung, der Pektinase und dem Tannin in den Gäreimer gießen. Kräftig umrühren, damit sich die Hefe verteilt und der Wein mit Sauerstoff angereichert wird. Den Deckel wieder aufsetzen und den Gärspund wieder anbringen. Innerhalb von 48 Stunden sollte sich die aktive Gärung anhand von Bläschen im Gärspund bemerkbar machen.

6 • Den Wein 1 Woche gären lassen, täglich mit einem sterilen Löffel umrühren. Danach kann der Wein zur Nachgärung in einen Gärballon (5 l) umgefüllt werden.

7 • Einen Gärballon (5 l), den Stopfen, ein Sieb, einen Trichter, ein Saft- oder Käsetuch und einen Rührlöffel mit langem Griff sterilisieren. Das Säckchen mit sauberen Händen herausziehen und behutsam ausdrücken, sodass möglichst viel Saft entweicht.

8 • Den Trichter auf den Gärballon setzen und mit dem Tuch auslegen. Langsam den Wein in den Gärballon gießen und dabei die Feststoffe herausfiltern. Bei Bedarf den Bodensatz, der sich im Trichter sammelt, mit dem Löffel aufrühren. Den Gärballon mit dem Stopfen verschließen und den Gärspund anbringen.

9 • Den Wein an einem kühlen dunklen Ort weitere 4 Wochen stehen lassen. Der Wein kann nun abgefüllt werden oder bis zu 6 Monate weiterreifen.

10 • Soll er weiterreifen, empfiehlt es sich, den Wein hin und wieder vom Bodensatz abzuziehen. Einen Kochtopf, den Abfüllschlauch, den Weinheber und den Gummizapfen sterilisieren. Den Wein in den Kochtopf abziehen. Den Gärballon, den Stopfen und den Gärspund reinigen und sterilisieren, den Wein wieder in den Gärballon abziehen. Den Stopfen und den Gärspund anbringen. Während dieses Schritts kann der Wein verkostet und die Säure oder Tannine können nach Geschmack eingestellt werden.

11 • Zur Abfüllung einen Kochtopf, elf 330-ml- oder sieben 500-ml-Bierflaschen, Kronkorken, den Abfüllschlauch, den Weinheber, den Gummizapfen, das Abfüllröhrchen und die Spindel sterilisieren. 125 ml Wein abziehen und mit der Spindel die Zieldichte bestimmen. Den Wein trinken oder wieder in den Gärballon gießen.

12 • Die Traubenzuckerlösung in den Kochtopf gießen. Den Wein in den Kochtopf abziehen und mit der Traubenzuckerlösung vermischen. Darauf achten, dass so wenig wie möglich verschüttet wird. Den Wein in Flaschen abziehen, Flaschen verkorken und mit Etiketten versehen.

13 • Die Flaschen bei Raumtemperatur vor direkter Sonneneinstrahlung geschützt mindestens 2 Wochen stehen lassen, sodass sie ganz mit Kohlensäure versetzt sind. Bis zu 1 Jahr lagern. Gekühlt servieren.

Bezugsquellen

BRAUEREI-FACHHANDEL

www.schnapsbrenner.eu
Starterkits und sonstiges Brauzubehör

www.holzeis.com
Brauzubehör für Bier, Wein, Säfte etc.

www.vierka.de
Artikel zur Bier- und Weinbereitung

www.ludwigs-sudhaus.de
Online-Fachmarkt zur Getränkeherstellung

www.braupartner.de
Bedarf für den Hobbybrauer

www.kombuchapilz.de/phorm/order/bestellung.html
Kefirkörner und Kombuchapilze

www.koji-shop.de
Fertiger Koji-Reis

www.hobbybrauerversand.de
Bedarf für den Hobbybrauer

www.candirect.de
Brauutensilien

www.weyermann.de
Malze

www.hopfen-der-welt.de
Hopfen

www.sonnentor.com
Hochwertige Gewürze

www.zoll.de/DE/Privatpersonen/Alkohol-Kaffee-Kraftstoffe-Strom-im-Haushalt/Brauen-Brennen-Roesten/Bier/bier.html
Rechtliche Bestimmungen zum Thema »Hausbrauen«

Danksagung

An meinen Mann Scott: Danke für deine ungebremste Unterstützung, deinen grandiosen Geschmackssinn, auf den ich mich stets verlassen kann, und vor allem für deine Liebe.

An meine Eltern Joyce und Dean; meinen Bruder Andy und seine Frau Darci; meine Schwiegerfamilie Evelyn, Jesse und Bonnie, Russ und Ingrid: Ihr seid meine Familie und ich liebe euch. Eure Unterstützung im vergangenen Jahr hat mir unendlich viel bedeutet.

Meiner Agentin Jennifer Griffin: Du bist einfach spitze.

An mein Team von Ten Speed Press: Lisa Westmoreland, Jenny Wapner, Betsy Stromberg, Katy Brown und Kristin Casemore: Ihr habt dieses Buch zum Leben erweckt und all meine Erwartungen übertroffen. Es ist mir eine Ehre, mit euch zusammenzuarbeiten.

An Paige Green, Spitzen-Fotografin: Danke, dass du mir meine Wünsche von den Augen abgelesen hast.

An Karen Shinto, Food-Styling-Meisterin: Danke, dass du die Herausforderung angenommen und all diese verrückten Getränke ins rechte Licht gerückt hast.

An Esther Feinman, Styling-Guru: Danke, dass du für alle Aufnahmen die perfekten Accessoires herbeigezaubert hast.

An Faith Durand, Sara Kate Gillingham-Ryan und den Rest meines Teams bei The Kitchn: Ihr inspiriert mich, baut mich auf und bringt mich jeden Tag zum Lachen. Danke.

An Robin Davis: Dieses ganze Projekt beruht auf deiner liebevollen Ermunterung und enthusiastischen Unterstützung. Ich kann dir gar nicht genug danken.

An das Team von MoreBeer – Sean, Gary, Joe und Richard: Ich weiß nicht, was ihr zuerst über das Blondchen dachtet, das eines Tages in euren Laden spazierte, aber ich bin froh, dass ich bleiben durfte. Eure Tipps waren von unschätzbarem Wert.

An meine Rezepttester Angelina und Philip Williamson, Delia und Richard Lam, Ellen Sherrill, Sarah Rosado, Sabrina Modelle, Gretchen Graham, Eric Mahlstedt, Nicholas Vasilakes, Tom Shaffer, Chris Harrington, J. D. Handley, Omar Gonzalez, Trevor Gowans, James Messick, Ryan McBride, Charlie Collins, Laura Phillips und Linda Ralleca: Ihr seid klasse.

Ihr *alle* seid klasse. Danke, danke, danke.

Die Autorin

EMMA CHRISTENSEN ist leidenschaftliche Heimbrauerin und lebt in der San Francisco Bay Area. Sie hat die Cambridge School of Culinary Arts in Cambridge, Massachusetts, absolviert und schreibt nun als Autorin über Essen und Bier, darunter für die beliebte Kochwebsite »The Kitchn« (www.thekitchn.com). Bis vor Kurzem arbeitete sie als Bierverkosterin und schrieb an einer zwei Mal im Monat erscheinenden Rezeptserie. Nähere Informationen finden Sie unter emmaelizabethchristensen.blogspot.com.

Register

M

N

O

P

R

S